Vittorio Feltri

CHI NON LEGGE
È PERDUTO

Cosa insegnano i grandi capolavori della letteratura

MONDADORI

Dello stesso autore
in edizione Mondadori

Non abbiamo abbastanza paura
Chiamiamoli ladri
Il borghese
L'irriverente
Ritratti di campioni
Com'era bello l'inizio della fine
Il latino lingua immortale

Una Repubblica senza patria (con Gennaro Sangiuliano)
Il Quarto Reich (con Gennaro Sangiuliano)
Il vero cafone (con Massimiliano Parente)

mondadori.it

Chi non legge è perduto
di Vittorio Feltri

ISBN 978-88-04-80639-4

Published by arrangement with Delia Agenzia Letteraria

I edizione settembre 2025

Indice

Chi non legge è perduto

Introduzione

Se c'è qualcosa che noi italiani sappiamo fare piuttosto bene è raccontarci. Abbiamo realizzato grandi capolavori perché abbiamo imparato l'arte del racconto nelle nostre piccole botteghe, nei nostri bar di provincia. È in questi luoghi che è nato il senso della nostra comunità, ed è in questi luoghi che si è formata la capacità di osservare il nostro mondo, di analizzarlo, di raccontarlo trasformandolo in parole, modi di dire, espressioni popolari ed espressioni colte, insulti volgari e descrizioni raffinate, bassi pettegolezzi e riflessioni profonde. È da qui che hanno pescato i nostri più grandi autori, è di questa materia che si sono serviti per produrre le splendide opere che oggi sono la nostra tradizione letteraria.

Tutto questo avviene da secoli, sospinto da una passione che rasenta la mania. Ma se vogliamo davvero capire chi siamo, da dove veniamo e addirittura in quale direzione potremmo andare, dobbiamo tornare a queste radici, le più profonde della nostra cultura.

In queste pagine troverete molti dei libri che a scuola avete odiato con tanta passione, ma che in realtà sono la spina dorsale della nostra identità nazionale, il cemento che ha tenuto insieme un popolo come noi, spesso così diviso e così confuso. Questo libro nasce dal desiderio di spiegare perché quei romanzi, i capolavori di Manzoni, Verga, Pirandello e tanti altri, non sono semplicemente vecchie storie buone soltanto per prendere polvere in biblioteca, ma strumenti sorprendentemente ancora vivi, capaci di influenzare la cultura, la società e persino la politica italiana. Questo non è e non vuole essere un trattato accademico, e meno ancora una celebrazione retorica, ma piuttosto un viaggio irriverente, caustico, spregiudicato, dentro la nostra storia letteraria e dentro la nostra storia reale. Qualcosa che ci faccia scoprire quanto è vero che all'interno dei grandi libri si nasconde quella realtà eterna che ci permette di comprendere noi stessi e il nostro mondo.

Leggere un classico della letteratura italiana è un atto di ribellione. Siamo nell'epoca in cui la cultura si consuma in pillole, in tweet, in video di pochi secondi. Riscoprire l'energia, la forza e l'accuratezza di questi testi è come gettare una bomba contro la superficialità che ci circonda e che spesso ci riguarda. La lettura è un gesto di coraggio, un modo per sottrarsi alla conformità culturale, e per ritrovare quel sapore di pensiero critico che sembra ormai un lusso raro. Per troppo tempo la lettura è stata un privilegio di pochi, un passatempo per intellettuali annoiati o per borghesi che volevano darsi un tono. Ma proprio i grandi romanzi italiani hanno saputo abbattere queste barriere, sono riusciti a diventare strumenti di crescita sociale, di formazione di una coscienza collettiva che ha accompagnato il nostro paese nelle sue trasformazioni profonde, quelle traumatiche e anche quelle invisibili.

Pensiamo a Manzoni, tra i più detestati al tempo dei banchi di scuola. Con i *Promessi sposi* non ha scritto semplicemente un romanzo storico, ha disegnato e dato voce a un'Italia che era divisa, del tutto frammentata, e con quelle pagine, con quella piccola storia d'amore legata da un giuramento, ha aiutato a costruire un'idea di unità nazionale. Più seriamente di tanti politici ha contribuito a fare l'Italia. Di Verga potrei dire che ci ha messo davanti la Sicilia vera, l'isola della miseria e della dignità contadina, grazie al genio di alcuni suoi libri ha portato alla luce un mondo spesso ignorato e deriso. Pirandello ha smontato le maschere della nostra identità, ha messo in crisi le certezze borghesi e ha aperto la strada a una nuova consapevolezza dell'uomo moderno. Tutti autori che non amo chiamare classici, e che non sono figure da venerare o da studiare come si trattasse di fossili; sono strumenti vivi, armi culturali con cui si può combattere l'ignoranza, la superficialità, la banalità con la quale oggi facciamo i conti.

Non si può parlare di letteratura italiana senza parlare di politica, i due mondi sono inevitabilmente intrecciati, spesso in modo strettissimo. La letteratura è stata e continua a essere un terreno di scontro ideologico, un laboratorio di idee, un megafono per le battaglie sociali. Molti di questi autori volevano forse essere solo scrittori, ma spesso sono stati protagonisti delle grandi lotte per i diritti civili, per la giustizia sociale, per la libertà. Ecco perché questo libro non si limita a celebrare i testi, ma li usa come spunto per affrontare l'attualità, per provare a far luce su alcune ombre della politica contemporanea, riportando anche episodi vissuti nel corso della mia carriera di giornalista, durante la quale ho avuto il privilegio di trovarmi spesso nei panni di testimone oculare.

Non aspettatevi un saggio di critica letteraria, ma nemmeno una litania di elogi. Qui si ironizza, si provoca, si prova a mettere in discussione. La letteratura italiana è quel campo di battaglia nel quale si scontrano le passioni, le ideologie, gli interessi, proprio come accade nella politica e nella vita quotidiana di ciascuno di noi. E allora perché non usare questi grandi classici come specchio per riflettere sulle assurdità del tempo che viviamo?

Nelle prossime pagine troverete un viaggio che è insieme culturale e personale, un racconto che attraversa secoli di storia italiana, ma che soprattutto si ferma a osservare il presente. Dirò di come certi libri abbiano influenzato non solo la cultura, ma anche il modo in cui gli italiani hanno pensato se stessi e il proprio paese. La letteratura è stata spesso tradita, dimenticata, ridotta a esercizio scolastico, a passatempo per intellettuali snob.

La cultura italiana ha prodotto capolavori immortali, eppure ha spesso faticato a tradursi in progresso sociale e civile, perché siamo in un paese nel quale la materia prima più abbondante sono sempre state la contraddizione, la passione e l'ipocrisia. È la stessa letteratura che ha accompagnato la mia esistenza e il mio lavoro, poiché alla fine non si è mai separata dalla mia vita quotidiana, ed è stata la lente attraverso cui ho guardato il mondo e ho provato a comprenderlo.

Se alla fine di questo viaggio vi sentirete un po' più liberi, un po' più consapevoli, allora avrò raggiunto il mio scopo. Questo libro è anche una sfida: farvi tornare a leggere con occhi nuovi, farvi ridere, riflettere, a volte irritare, farvi sentire vivi. Perché leggere è molto più che un passatempo, è un modo per resistere alla banalità. E se è vero che la narrativa ci mette a disposizione più vite, leggere è l'ultimo espediente che ci resta per non morire.

I

L'*Eneide*

Il grande mito alla base delle nostre origini

La magia del viaggio

Un libro è sempre un viaggio, anche quando non parla di viaggi. Perché le pagine di un libro, soprattutto un grande libro, chiedono a noi lettori di essere pronti al movimento, di spostarci dal luogo in cui siamo e mettere in moto i pensieri, smuovere l'anima. Un libro ci trasferisce in ciascuno dei mondi che l'autore ha deciso di creare, e spesso sono mondi impossibili, ai quali noi crediamo senza opporre alcuna resistenza. Ci chiedono di fidarci di animali che parlano, e parlano in modo saggio, di astronavi che atterrano su pianeti misteriosi, di uomini che volano e di maghi che spostano montagne, di divinità prepotenti che si trasformano in cigno, pur di portarsi a letto una fanciulla. Ciò che è sconsigliato è raccontare un mondo in cui gli uomini non rubano e non fanno guerre. Sarebbe davvero troppo, nessuno ci crederebbe.

Duemila anni fa, Virgilio scrisse pensando a un viaggio, un viaggio vero, malgrado fosse imbottito di mitologia. E dal suo *calamus*, la penna con cui scriveva sulla pergamena, venne fuori un capolavoro.

Oggi dovremmo forse considerare l'*Eneide* il libro più italiano che esista, malgrado sia scritto in una lingua che non è direttamente la nostra, ma quella dei nonni dei nonni dei nostri nonni. Proprio così, un libro italiano, poiché possiamo considerarla l'opera dei padri fondatori, la grande storia di chi poi avrebbe creato Roma e dunque piantato le nostre radici più profonde. Quanto Virgilio fosse il precursore della letteratura italiana fu Dante il primo a capirlo. Ora, sappiamo bene tutti che Dante si era attribuito il compito di fondare la nostra lingua, non a caso assunse proprio Virgilio come suo accompagnatore quando si preparò ad affrontare un viaggio. Vedete che c'è sempre un viaggio? E il loro non era affatto semplice, c'era da affrontare una lunga trasferta verso l'aldilà. È un argomento che Virgilio conosce bene, perché quando scrive l'*Eneide* anche lui si spinge fino all'aldilà.

La sua opera racconta il viaggio di Enea, leggendario eroe troiano, e dalla caduta di Troia giunge fino alla fondazione di Lavinium, la città antenata di Roma. Molti ricorderanno che Enea scappa da Troia in fiamme con il padre Anchise e il figlio Ascanio, affronta tempeste e numerose avventure. Giunge a Cartagine, dove è accolto dalla regina Didone. Tra i due nasce immediatamente un amore, ma Enea è lì spinto dal fato e dagli dei, non per rammollirsi e abbandonarsi ai piaceri, per questo lascia improvvisamente la città. Didone non accetta quell'addio e disperata si suicida, ma prima lancia imprecazioni e maledizioni all'indirizzo dei Troiani.

Ed ecco che si arriva agli inferi. Grazie alla guida della Sibilla, Enea si avventura giù nell'Ade, poiché ha in mente di incontrare l'ombra di Anchise. Sì, perché nel corso del viaggio suo padre ha perso la vita, è accaduto durante la sosta dei Troiani in Sicilia, poco prima che Enea raggiungesse l'Italia. La sua morte avviene a Drepano, la località che oggi chiamiamo Trapani, ed è qui che viene sepolto, precisamente sul monte Eryx. Enea riesce in effetti a incontrare l'ombra di suo padre, il quale profetizza il futuro glorioso di Roma e parla al figlio di coloro che discenderanno da Ascanio. Tra questi, annuncia soprattutto i nomi di Romolo e di Augusto.

Una volta sbarcato nel Lazio, alla foce del Tevere, con le poche navi sopravvissute alle varie disavventure, Enea incontra il re Latino, che gli offre ospitalità. Ma c'è un ostacolo di nome Turno, è il re dei Rutuli e soprattutto sarebbe, almeno fino a quel momento, il promesso sposo di Lavinia, la figlia di Latino. A Turno non piace Enea, e meno ancora gli piace che Latino offra al nuovo arrivato la mano di sua figlia, per questo è deciso a impedirgli il soggiorno laziale. Puntualissima, scoppia quindi la guerra fra Troiani e Rutuli, nel corso della quale perirà il giovane Pallante, figlio del re degli Arcadi e alleato di Enea, e moriranno pure i giovanissimi Eurialo e Niso, protagonisti di un episodio commovente rimasto celebre, in cui l'uno cade sul corpo dell'altro mentre cercano di raggiungere Enea per avvertirlo di un assalto dell'esercito nemico. I due schieramenti proveranno anche a stipulare una tregua, ma il tentativo di evitare che la guerra vada avanti fallisce, Enea e Turno si affrontano in un duello che è il finale romanzesco e inevitabile del conflitto. Enea resta ferito, ma riesce ugualmente ad abbattere e uccidere Turno.

Sta dunque compiendosi la prima parte di quel destino voluto dagli dei che Enea è chiamato a realizzare. L'eroe sposa Lavinia e fonda Lavinium, segnando così l'inizio della stirpe i cui discendenti saranno artefici della nascita di Roma.

Il falò della vanità

Forse nessuna opera vale solo per la storia che racconta, in ciascuna si nasconde uno scopo, un proposito spesso invisibile che l'autore lega alla vicenda raccontata nel libro. L'*Eneide* è sicuramente il poema destinato a celebrare ciò che i Romani chiamavano *pietas*, cioè la devozione agli dei e alla patria, ma soprattutto deve magnificare quel che sono il Fato e la missione storica di Roma. Il motivo è chiaramente la legittimazione più alta del potere di Augusto, che fu imperatore proprio negli anni in cui Virgilio realizzava il suo capolavoro.

Andrebbe aggiunto, e pochi lo ricordano, che in realtà l'*Eneide* è un'opera incompiuta. Virgilio morì prima di averla definitivamente completata, e anzi, quando ebbe sentore della sua fine, chiese ai suoi due amici Vario Rufo e Plozio Tucca di buttarla nel fuoco e distruggerla. Aveva da scrivere ancora 58 versi, che non riuscì a concludere, ed era tra l'altro ossessionato dall'idea che un poema non perfettamente revisionato avrebbe rovinato la sua reputazione di artista. Una volta morto Virgilio, Vario Rufo e Plozio Tucca lessero il capolavoro, si guardarono negli occhi e decisero di tradire la richiesta del loro vecchio amico, quei versi erano sublimi e sarebbe stato un crimine lasciare che finissero nell'oblio. Fecero anzi in modo che il poema giungesse al più presto nelle mani di Augusto. Dritto com'era, l'imperatore si accorse immediatamente che in quelle pagine c'era la sua glorificazione, la grande occasione per raggiungere l'immortalità grazie alla letteratura. E ordinò che l'*Eneide* fosse pubblicata appena possibile.

Non poteva andare in modo diverso. Se il capolavoro virgiliano è arrivato fino a noi, lo dobbiamo certamente ad Augusto, e forse lo dobbiamo più alla sua vanità che alla capacità di apprezzare la letteratura.

Dobbiamo farci i conti con la vanità, in particolare quando parliamo del potere e quando in ballo ci sono i grandi leader. Le poltrone che contano davvero fanno perdere la testa in mille modi, a partire dal bisogno di riconoscimento, dal desiderio che chiunque ti stia intorno ti applauda, ti approvi, annuisca felice a ogni tua parola. È la trappola eterna della vanità, con la quale i potenti si illudono di conquistarsi la gloria immortale, senza accorgersi che quello è il mare nel quale rischiano di annegare.

Accade spesso, anzi spessissimo, che le fanfare suonino per i potenti di turno, e altrettanto spesso che facciano credere ai nani di essere giganti. So che sembra già passato remoto, ma ricordo ancora bene quando il ministro Di Maio, responsabile del Lavoro, aveva a turno eserciti di adulatori, cantori di una gloria che così effimera ed evanescente non si era vista mai.

Sia chiaro, nessuno di loro era Virgilio, nessuno aveva nemmeno lontanamente la stoffa del poeta vero, ma l'ansia di celebrare il potere sperando di raccoglierne la luce riflessa aveva nutrito a dismisura i nuovi scrittori, estasiati da questi improvvisatori che irrompevano in Parlamento e al governo. Sentire attorno i giornali, i salotti televisivi, i social del web, spremersi per invitarli e in molti casi anche corteggiarli e lusingarli, deve aver fatto credere a queste controfigure ritrovatesi per miracolo sul proscenio che la loro fosse vera gloria.

E così sorridevano, sproloquiavano, menavano sentenze dove potevano. Parlavano di leggi, loro che probabilmente le leggi non le avevano conosciute mai. Per giunta, appena potevano continuavano a lamentarsi del fatto che il riconoscimento della stampa nei loro confronti non fosse sufficiente. Si sentivano perseguitati, maltrattati, quando in buona parte era vero il contrario. Ma erano pur sempre quelli che solo fino a uno o due anni prima, obbedendo a un diktat fissato da Beppe Grillo, in tv nemmeno ci andavano, immaginando che qualunque apparizione televisiva li avrebbe messi in difficoltà. Qui avevano ragione, quasi tutti erano impresentabili, ma neppure lo sapevano, sostenevano anzi che la colpa fosse del sistema ostile, che stava energicamente remando contro di loro. Sappiate che non avevate inventato nulla, funziona così da secoli, quando non siamo capaci di far qualcosa, la scappatoia migliore per non deprimersi è attribuire ogni responsabilità a qualcun altro.

In realtà, come dicevo, stampa amica ne avevano, e tra l'altro diventava sempre più abbondante. Tanto da convincerli che fossero in grado di governare, e allora le loro ambizioni crescevano, al punto che si erano addirittura messi in testa di riorganizzare l'Italia. E seriamente credevano di saperlo fare.

Certo, in quella sciagurata tornata elettorale Di Maio e i suoi di voti ne avevano presi tanti, ma altri danni ingenti li avevano fatti i nuovi corifei, quelli che in fretta si erano iscritti al club dell'ossequio. E così, come puntualmente fa il potere, anche l'inedito potere dei cosiddetti grillini si era trovato una sua claque.

Purtroppo siamo costretti ad accorgerci che nella memoria collettiva del nostro paese non resteranno soltanto Cavour e De Gasperi, avremo per molti anni anche una frase indimenticabile di Giggino Di Maio. La ricordate? «Oggi abbiamo abolito la povertà» disse affacciandosi trionfante a una parvenza di folla da un balconcino di Palazzo Chigi. Il guaio è che era serio. Sosteneva con una straordinaria, un'invidiabile faccia tosta di aver debellato la povertà.

Era ancor meno di un'illusione. Avevano i voti in Parlamento, eppure gran parte del paese aveva provato ad avvertirli che, con un provvedimento come il reddito di cittadinanza, più che abolire la povertà sarebbero riusciti piuttosto ad accrescerla. Non è così difficile arrivarci, se scegli di pagare chi non lavora stai inviando un messaggio fin troppo chiaro: sgobbare è un'attività da fessi, e non è più quello che serve per mettere insieme pranzo e cena, ci saranno altri che lavoreranno per te, e tu puoi stare tranquillo poiché c'è chi intanto provvederà sia al tuo ozio sia al tuo sostentamento.

Qualche tempo fa, mi permisi di consigliare a Di Maio la lettura di un passo del Vangelo, un passo che tornò alla mia memoria proprio nel giorno nefasto in cui ascoltavo il vicepremier sparare castronerie a proposito dell'abolizione della miseria. Maria, la sorella del famoso Lazzaro, riservò a Gesù che giunse in casa loro numerosi riguardi, tra l'altro gli unse i piedi con il pregiatissimo olio di nardo. Era lì anche Giuda Iscariota, che commentò: «Perché quest'olio non si è venduto per trecento denari da dare ai poveri?». Gesù gli rispose: «Lasciala fare. I poveri ci saranno sempre, io invece presto non sarò più con voi».

I fatti sono chiari, Cristo aveva pensato che la miseria fosse invincibile, Giggino si era convinto che un suo decreto potesse spazzarla via. I voti sono a volte in grado di scatenare quel delirio di onnipotenza che può far pronunciare frasi grottesche come quella dal balcone di Palazzo Chigi. È il solo, devo ammetterlo, al quale avrei addirittura versato il reddito di cittadinanza. Saperlo sul divano, e non titolare di delicati incarichi istituzionali, lo dico da elettore, mi avrebbe rassicurato.

Per fortuna a noi italiani resta l'*Eneide*, ci resta la forza immortale di quel viaggio mitologico che da Troia gli dei spinsero verso la fondazione della città che era destinata a dominare il mondo. Ci resta soprattutto la meraviglia di quei versi leggeri, di quella poesia così vigorosa. Alcuni riescono a non vergognarsi delle proprie miserie, Virgilio mostrò la dignità di chi sa conservare dubbi e misura anche di fronte al proprio indiscutibile capolavoro. Un libro è sempre un viaggio, e qualche volta nutro il sospetto che purtroppo i duemila anni che ci dividono da quel viaggio non ci abbiano insegnato granché.

II

La Divina Commedia

Il monumento che ha disegnato l'Italia e l'italiano

La fondazione di uno Stato

Qui, prima di iniziare, direi che è doveroso fare un ampio inchino, poiché siamo di fronte a quella che è probabilmente la più grande opera letteraria mai scritta da un essere umano. Bisogna dire che noi italiani siamo gente strana. Viviamo su una penisoletta decisamente piccola rispetto alla superficie del pianeta, il mondo ci guarda come quelli della pizza e del mandolino – e capirete quanto io, lombardo e bergamasco, in questa descrizione mi senta piuttosto a disagio –, in più ci percepiscono spesso come quelli dell'*ammuina*, dell'approssimazione e addirittura della mafia. Vorrei aggiungere che mi dichiaro totalmente innocente di fronte a ognuna di queste accuse generiche, ma adesso il punto è un altro, dicevo che siamo gente strana, perché malgrado tutto ciò abbiamo dato alla specie umana la città che per secoli ha dominato il mondo conosciuto, abbiamo dato Dante e *La Divina Commedia*, Leonardo e la *Gioconda*, e pure un tipo abbastanza ostinato che ha semplicemente scoperto l'America. Nel corso dei tanti secoli che chiamiamo «civiltà», non si può dire che non ci siamo fatti notare.

Tante volte rispetto a capolavori dell'arte, e anche a opere che proprio capolavori non sono, si usa la parola «monumento». Mettiamoci l'animo in pace, quando parliamo della *Divina Commedia* ogni superlativo non solo non è un abuso, ma anzi rischia sempre di restare inadeguato. Questo è proprio un monumento, un monumento all'arte, alla nostra lingua, alla poesia, alla filosofia, alla fede. Dante ha fatto molto di più che scrivere un poema meraviglioso, Dante ha fondato la lingua italiana e dunque l'idea stessa di un paese che secoli dopo, acceso proprio da quell'antica suggestione, avrebbe trovato la sua unità politica.

Da ben più di sessant'anni mi guadagno da vivere scrivendo, ho incontrato per fortuna sempre direttori e caporedattori che mi hanno dato fiducia, e editori disposti a versarmi la paga che mi spettava. Ho imparato perciò cosa sia la fatica della scrittura, cosa voglia dire trascorrere tempo della propria giornata a cercare la frase giusta, la frase efficace, quella che riesce a essere elegante e contemporaneamente chiara, so cosa voglia dire starsene lì bloccato anche solo per scegliere un aggettivo. So pure cosa vuol dire scrivere un pezzo e sentirsene soddisfatti, e so cosa voglia dire scrivere un pezzo, rileggerlo, e accorgersi che ha l'aria di una ciofeca, un piatto non riuscito, che non funziona, non incide, non dice ciò che si vorrebbe, o almeno non lo dice nel modo giusto.

Bisogna tenere tutto questo nella testa, quando si legge Dante. Hai la sensazione di essere al cospetto di un miracolo. Come è possibile, ti chiedi, come è possibile raggiungere questo grado così prodigioso di perfezione? Come è possibile saper offrire la sensazione che tutto, ogni punto, ogni concetto, ogni parola e ogni sospiro siano al posto giusto, espressi come meglio non si poteva? È come se si provasse a disegnare un cerchio, un cerchio precisissimo, ma senza usare il compasso, grazie solo alla capacità della propria mano. Leggere la *Commedia* è come raggiungere la vetta di una montagna alpina, la vivi come una conquista, come l'istante in cui sei arrivato in alto, più in alto di tutti, e questo ti fa avvertire un certo senso di forza serena, quasi di onnipotenza. Ma quell'altura è la stessa che ti dà la vertigine, che ti spezza il fiato, forse a volte stare così in alto è troppo, è più di quanto ti senti in grado di sopportare.

Lì dentro è tutto straordinario, mi ha sempre colpito il fatto che un letterato possa decidere di scrivere un'opera in cui affronta un lungo percorso di redenzione per prepararsi a raggiungere Dio, che scelga di passare per l'inferno, e quindi incontrando le anime di coloro che presumibilmente sono trapassati, e anche da tanto tempo. Poi, però, ti accorgi che nella *Commedia* appaiono ben 900 personaggi, e sono in grandissima maggioranza contemporanei di Dante. Significa che ha avuto il coraggio di realizzare un'opera eterna, in cui ha sostanzialmente eliminato il tempo, eppure non ha fatto altro che descrivere la sua epoca, ha fatto quindi una pura opera di cronaca, ha castigato i vizi e celebrato i meriti soprattutto dei suoi contemporanei. Ha voluto analizzare e giudicare il suo mondo e il suo orizzonte politico, l'ha fatto esattamente con lo spirito con cui un direttore butta giù oggi un lungo editoriale sul suo quotidiano. La mia è ovviamente un'iperbole, non intendevo di punto in bianco dichiararmi collega di Dante. Ho molti anni, ma sono ancora lucido quanto basta, state pure tranquilli.

Colpevoli e innocenti

Ho letto da qualche parte che il verso più citato dagli studiosi dell'opera di Dante è «fatti non foste a viver come bruti», cioè il 119 del canto XXVI dell'*Inferno*. Penso spesso a queste parole, ci penso soprattutto quando mi capita di leggere avvenimenti terribili che apprendo dalla cronaca nera. «Fatti non foste a viver come bruti» dice lui. Forse davvero non eravamo fatti per esserlo, eppure ci siamo ugualmente riusciti benissimo. Quanto è facile accorgerci che arriviamo ogni tanto a diventare dei bruti, dei mascalzoni ignobili, che siamo capaci di trasformarci in individui disonesti, violenti, traditori. E se volessi restare più rigorosamente dantesco, dovrei aggiungere lussuriosi, golosi, avari e prodighi, iracondi, accidiosi, eretici e fraudolenti.

La direzione presa dal mio lavoro mi ha allontanato dai servizi di cronaca nera, ma qualcosa di quelle pagine continua ad attrarmi, a interessarmi. Probabilmente nessun altro spazio del giornale è così autentico come la cronaca nera, non c'è altro argomento in cui troviamo davvero la parte più vera, la più primordiale e inquietante dell'animo umano. E attenzione, quando parlo di cronaca nera non penso solo a dei brutali assassini, non penso solo a dei colpevoli. Il mondo degli accusati, il mondo di coloro che restano coinvolti in fatti di sangue è pieno anche di innocenti, di voci che gridano la propria estraneità e che la giustizia non è disposta ad ascoltare. Chissà se più spesso non può o più spesso non vuole.

Vi parlerò perciò di un caso col quale continuo a conservare un legame stretto, quello di un ex ragazzo di nome Alberto Stasi. Oggi è l'uomo quarantaduenne accusato e condannato per il famoso delitto di Garlasco. Ricapitoliamo rapidamente. Il fatto avviene in una località in provincia di Pavia nell'estate del 2007. Siamo in una villetta in quel momento abitata soltanto da una ragazza, Chiara Poggi, i genitori e il fratello vivono con lei, ma in quei giorni sono in vacanza. Lei si è da poco laureata in economia, il suo fidanzato è ancora studente alla Bocconi. È lui che quella mattina del 13 agosto la raggiunge a casa e si accorge del suo corpo massacrato e ormai privo di vita, colpito da un oggetto contundente. È lui dunque che lancia l'allarme e chiama la polizia, ed è sempre lui che viene accusato dell'omicidio. Vi ricordo che il tribunale di primo grado nel 2009 assolve Stasi per non aver commesso il fatto, e che il tribunale d'appello di Milano nel 2011 lo assolve una seconda volta, ancora per non aver commesso il fatto. Da quel momento, la vicenda giudiziaria si complica però più volte. Intanto si arriva in Cassazione e nel 2013 l'Alta Corte annulla la sentenza e ordina un processo d'appello di rinvio, quindi abbiamo un'ennesima sentenza che stavolta stabilisce una condanna a carico di Stasi a ventiquattro anni di reclusione, poi ridotti a sedici grazie al rito abbreviato, la pena che lui oggi sta scontando. A questo punto, scatta un ulteriore ricorso in Cassazione, e vi risparmio le complicazioni delle richieste dei procuratori, sappiate soltanto che la Corte di Cassazione nel 2015, al termine di questo secondo giro, conferma la sentenza del processo d'appello di rinvio e quindi pure la condanna a sedici anni.

Ora vi dico la mia. Non ho mai creduto a un solo passaggio delle tesi accusatorie, sono sempre stato e resto tuttora certo che Alberto Stasi sia in realtà innocente. È il motivo per il quale ancora oggi mi fa piacere incontrarlo, almeno due volte al mese mangiamo insieme in un ristorante di Milano. Racconto spesso quanto mi piaccia organizzare a tavola i miei incontri, di solito al Baretto, seduti davanti allo squisito risotto al salto che preparano.

Non è Alberto l'assassino della povera Chiara Poggi, credetemi. All'epoca dei fatti ero direttore di «Libero» e capii subito che quel ragazzo non c'entrava nulla. A partire da maggio 2023 Stasi ha avuto il permesso di uscire ogni giorno dal carcere di Bollate per andare a lavorare, fa il contabile. La fine della sua pena sarebbe nel 2030, ma con gli sconti vari previsti dalle leggi potrebbe essere anticipata al 2028. Naturalmente lasciare il carcere da innocente sarebbe per lui tutt'altra cosa.

Adesso è tornato attuale il coinvolgimento di Andrea Sempio, l'amico del fratello di Chiara Poggi. Era già stato incriminato anni fa poiché erano state trovate presunte tracce del suo Dna, ma quelle accuse furono dapprima archiviate, poiché l'elemento fu ritenuto inammissibile, mentre adesso pare che i giudici di Pavia reputino quella prova nuovamente utile. Vedremo come finirà. In ogni caso, vorrei tanto poter avanzare una richiesta a Dante, non vorrei che si lasciasse suggestionare dalla condanna del tribunale. Gli racconto la vicenda e lo avverto che Alberto Stasi può anche tenerlo fuori dall'Inferno. Garantisco io.

Il morbo dell'invidia

Sono meravigliose le frasi della *Divina Commedia*, ed è un miracolo il fatto che alcune siano entrate direttamente nella nostra lingua quotidiana. Quando diciamo «far tremare le vene e i polsi», ce lo ricordiamo che stiamo citando Dante? E quando definiamo l'Italia «il Bel Paese», sappiamo di dovere della riconoscenza ancora a lui che l'ha inventata?

Ed è questo il Bel Paese nel quale ci muoviamo, quello degli eccessi emotivi, dei grandi innamoramenti e degli odi improvvisi, come si fosse tutti condannati in eterno a vivere solo storie sentimentali tempestose. In tantissimi non vedono l'ora di costruirsi degli eroi, e una volta che li hanno ben sistemati sull'altare non vedono l'ora di buttarli giù per poterli divorare, per poterli spedire all'Inferno. La parabola di Chiara Ferragni ci spiega quanta schizofrenia ci sia in tutto questo, una schizofrenia che i social ogni minuto di ogni giorno continuano ad amplificare e diffondere. È uno di quegli episodi che dovrebbero farci riflettere sulla gabbia di belve che l'Italia è diventata. Leggo tanti interventi feroci secondo i quali Chiara Ferragni sarebbe semplicemente dovuta finire dietro le sbarre, in realtà non ci si accorge che queste posizioni così estreme e aggressive sono soltanto il frutto di antipatie pregiudiziali. Anche nella vicenda della Ferragni, tutti, benché privi di qualsiasi rudimento del diritto, l'avevano già giudicata molto prima che i fatti che la riguardavano fossero accertati. Non occorrevano approfondimenti e non occorreva processo, al di là di ogni ragionevole dubbio Chiara Ferragni era già colpevole.

No, non può funzionare così, esistono per fortuna i nostri principi costituzionali, l'essenza della nostra stessa democrazia. Le burrasche social fanno casino, ma grazie al cielo non producono sentenze. Dante alla Ferragni direbbe: «Non ragioniam di lor, ma guarda e passa». Però so bene che non è facile, non tutti riescono a infischiarsene di mentecatti e hater come faccio io. Ma ripeto, se neghiamo e continuamente calpestiamo quei principi, neghiamo lo stesso nostro Stato di diritto, e faremo saltare quelle fondamentali conquiste civili e giuridiche che sono le garanzie concesse agli imputati, qualsiasi sia l'accusa che attribuiamo loro. È ciò che chiamiamo «presunzione di innocenza», e che dobbiamo esser bravi a tutelare, a difendere, anche quando l'emotività ci trascina nella tentazione della giustizia sommaria.

Non ho la più pallida idea se Chiara Ferragni sia un'innocente, una santa, oppure un demonio, una donna che si è perfidamente approfittata della sua popolarità per truffare chiunque si fidasse di lei. Ma non voglio essere io a deciderlo, non prima che un tribunale si sia pronunciato nei suoi tre gradi di giudizio. Se può bastare una notizia semplicemente appresa da un social perché la mia ferocia si scateni, vuol dire che sto solo cercando un bersaglio per il mio odio, per le mie misere frustrazioni. So che una maggioranza schiacciante di opinioni ritiene comunque scandaloso il comportamento della Ferragni, ma qualcuno si è ricordato invece dell'etica di quelle aziende che si sono ingrassate grazie alle vendite moltiplicate proprio dalla presenza della Ferragni? A chi pensate che siano finiti i quattrini degli incassi di Natale e Pasqua? Non possiamo affatto escludere che lei desse per scontato che quegli incassi, tutti o in gran parte, finissero veramente in beneficenza. Proprio così, non possiamo escluderlo, e siccome tuttavia lo facciamo ugualmente, senza curarcene troppo, almeno riconquistiamo la consapevolezza che il nostro non è altro che un abuso.

Nella *Commedia,* Dante copre gli invidiosi con il cilicio, un mantello di panno ruvido che li punge, e li descrive con gli occhi cuciti con del fil di ferro. Piangono la loro pena mentre recitano le litanie dei santi, e intanto versano lacrime attraverso quella orribile cucitura. Non sono all'Inferno, ma nel XIII canto del *Purgatorio.*

Ho sempre il sospetto che quando condanniamo in modo così sommario, condanniamo in realtà il successo altrui, come se avvertissimo il bisogno inconfessabile di odiare chi ce l'ha fatta. Il confronto è la più spietata forma di consapevolezza che abbiamo davanti, e detestiamo digerirla, piuttosto la sputiamo via, come un boccone disgustoso. Lei sì e io no, lui sì e noi no. Perché? È un meccanismo spaventoso che ci fa amare e odiare chi è più in alto, chi guadagna di più, chi conquista una carica autorevole, chi siede su una poltrona che conta. E questo ci spinge immediatamente a caccia della magagna, a ipotizzare qualcosa che non va e che deve esserci per forza, e perciò da qualche parte va trovato. È un'attrice di successo? È carina? Certamente è lì perché è andata a letto col produttore, o col regista. Anzi, è andata a letto con tutti e due, mettiamola così e siamo sicuri di non perderci nulla.

Lungo il cammino nella II Cornice del Purgatorio, Dante nota un'ombra che alza il mento con un gesto tipico di chi non può vedere, le chiede allora il suo nome e da dove venga. L'anima penitente spiega che proviene da Siena e che sconta con altre anime le sue colpe. Il suo nome è Sapìa, e comprende solo adesso gli errori commessi nel corso della vita, quando era l'invidia a procurarle vera gioia: «Fui de li altrui danni/ più lieta assai che di ventura mia». I suoi concittadini combatterono a Colle Val d'Elsa e lei pregò Dio di farli uscire sconfitti. E nell'istante in cui apprese che l'esercito senese era in effetti vicino al disastro, la felicità fomentata dall'invidia la accecò fino a spingerla a rivolgersi nuovamente a Dio, ma stavolta per dirgli che ormai nemmeno lo temeva più.

È questo che può fare l'invidia, cucire gli occhi e impedire di vedere dov'è la stessa serenità dell'animo, far immaginare che non serva più nemmeno Dio, e che non servano le figure che possono fare da guida, poiché da quello spiraglio della miopia si riesce a vedere solo l'odio da spargere sui successi altrui.

Un cuore d'oro sulla pelle altrui

L'intelligenza concreta, veloce, di cui certamente era dotato Silvio Berlusconi fece di lui il politico che per primo parlò di invidia sociale, e ne parlò come di un argomento che effettivamente in questo paese fonda le relazioni tra individui e guida la prospettiva che tanti usano per guardare il mondo. Nessuno mi toglie dalla testa che tanti dei suoi nemici, compreso un buon numero di magistrati, fossero mossi esattamente dall'invidia per il suo denaro, dall'idea che lui con quella montagna di soldi potesse farci quello che gli pareva.

Pensate quanta frustrazione deve aver vissuto la sinistra, al cospetto di un uomo che non solo era ricchissimo, ma che non faceva nulla per nasconderlo. Eppure credo davvero che alla fine Silvio Berlusconi non abbia mai fatto male a nessuno, anzi ha speso tanto del suo denaro per aiutare chi gli stava accanto. La parola che più spesso ho sentito usare per descriverlo è stata «generosità». E in ogni caso, non aspettatevi in alcun modo che io parli male di Berlusconi, intanto perché so bene che è stato un imprenditore straordinario, e poi perché lo devo a lui se sono diventato ricco. Così almeno mi sottraggo al rischio di finire all'Inferno tra gli ipocriti, quelli che compaiono nel canto XXIII e che il signor Alighieri ha sistemato nella Sesta Bolgia dell'VIII Cerchio. Ai soldi sono sensibile, certo, e credo che lo siano tutti, ma la gran parte delle persone, e continuo a chiedermi perché, preferisce passare per indifferente al denaro. Ho uno stipendio molto alto, e resto convinto che la libertà di un giornalista si misuri dalla sua busta paga, e quella deve darti la possibilità di frequentare un buon sarto per i tuoi abiti su misura.

Avrete intuito da soli che per Dante un ipocrita è peggio anche di un invidioso, i primi li ha destinati all'Inferno, agli invidiosi ha concesso invece il Purgatorio, e quindi la possibilità di riflettere e redimersi.

Devo dargli ragione, condivido il suo punto di vista. Un invidioso è colui che spera nel male altrui, ma si limita a sperarlo, di solito non procura danni concreti. Un ipocrita, invece, danni concreti è in grado di farne, e anche tanti. Sono stati proprio i club dell'ipocrisia, quelli imbottiti di idee di sinistra, che hanno portato in paesi come l'Italia i quasi 50.000 senzatetto stranieri che ci ritroviamo oggi sul ciglio delle nostre strade, soprattutto quelle delle grandi città. Oltre la metà di questi poveretti viene dall'Africa, ma noi dovevamo accoglierli, dovevamo accoglierli perché dobbiamo mostrarci caritatevoli, dovevamo accoglierli per poi sbatterli su una strada, sulla panchina di una stazione ferroviaria, abbandonati al loro destino, trattati come rifiuti umani. Sono quelli che non hanno più trovato spazio nei centri di accoglienza, e anche lì è stata la stessa ipocrisia a generare disastri. Tante cooperative rosse, mascherate da benefattrici, in realtà piantavano come una bandiera i propri affari su questi flussi di immigrazione. Non bisognava fermare gli sbarchi perché loro erano caritatevoli, perché avevano un cuore, ma soprattutto avevano una tasca larghissima, nella quale grazie all'arrivo di queste vittime della miseria potevano entrare montagne di soldi pubblici.

Eccoli gli ipocriti, con i loro mantelli pesantissimi rivestiti di oro all'esterno e di piombo all'interno. Tra loro nei versi della *Commedia* c'è Caifa, il sommo sacerdote sadduceo che convince Ponzio Pilato a mettere Cristo a morte. A causa di una tale responsabilità, nell'aldilà non se la cava benissimo. Dante lo trova inchiodato a un crocifisso disteso in terra, così che tutti gli altri dannati, ciascuno gravato dal peso del proprio mantello di piombo, gli passano sopra durante il loro cammino.

Questa ipocrisia italiana ed europea è stata per noi causa di tantissime disgrazie. Non solo non ha salvato l'esistenza a questo esercito di senzatetto, ma ha finito per rendere le nostre strade dei posti ormai senza alcuna sicurezza, ha messo addosso a tutti noi la paura che si rischi la pelle a ogni angolo delle nostre città. Del resto, non occorre nemmeno chissà quanto buon senso per capire che se apri le porte alla disperazione, questa disperazione proverà a campare di espedienti, e poi di criminalità, di delinquenza, a volte addirittura organizzata. Non ce l'ho con i senzatetto, anche se gli ipocriti continuano a dipingere tutti coloro che non appartengono al loro club come dei senza cuore. Se vogliamo proteggere gli africani disperati, non credo che la soluzione sia ospitarli nel nostro paese e poi disperderli per le strade lasciando che vivano il loro incubo quotidiano, a caccia di cibo, a caccia di mezzi per sopravvivere. Proteggere seriamente gli africani disperati vuol dire prima accertarsi di avere i mezzi per poterli ospitare nel modo in cui ogni essere umano merita. Possiamo dar loro una casa, possiamo dar loro un lavoro? Viceversa, non avremo salvato nessuno, avremo semplicemente dato sfoggio della nostra ipocrisia e intanto creato due nuovi eserciti di vittime, noi e anche loro. Caro Dante, c'è un nuovo esercito di ipocriti buono per le tue bolge.

III

Il *Decamerone*

Il grande universo dei nostri vizi che diventa arte

L'allievo anarchico

Dante ha raccontato la faccia devota del nuovo scenario italiano, occorreva perciò qualcuno che raccontasse invece gli angoli bui, i vicoli in cui è pericoloso entrare, la pancia e non l'intelletto di quel paese che dopo molti secoli sarebbe nato. Se ne occupa Giovanni Boccaccio da Certaldo, luogo a pochissimi chilometri dal cuore di Firenze, uno che avrebbe tutte le caratteristiche per essere il grande rivale dell'Alighieri.

Dante fonda la poesia, Boccaccio inventa la tradizione della nostra prosa. Dante fin dal primo verso dell'*Inferno* viaggia per arrivare alla fatale beatificazione del *Paradiso*, Boccaccio assume tra i suoi protagonisti personaggi oscuri, astuti, rozzi e dissoluti. Dante compone il poema della trascendenza, Boccaccio descrive i vizi della taverna. Hanno tutto per essere il giorno e la notte, nemici come Coppi e Bartali, rivali che si fiutano e si disprezzano come Messi e Cristiano Ronaldo. Invece, Boccaccio diventa il primo grande ammiratore di Dante e uno dei suoi migliori esegeti, è un lettore attentissimo della *Commedia*, ne trascrive il testo addirittura tre volte, e in qualche modo lo coccola, lo sistema e lo perfeziona, poiché molti dei trascrittori precedenti hanno lasciato delle impurità. È talmente rapito dalla bellezza di quella poesia, che mentre è al lavoro per ripulirla ha una specie di illuminazione. Questi versi non hanno nulla di umano – pensa –, quest'opera sembra venire direttamente dal cielo. E allora rimette mano al titolo del poema e si concede un aggettivo, la sola vera aggiunta che azzarda, l'unica licenza che si prende rispetto ai propositi del testo originario di Dante. Ne cambia il titolo, perché un capolavoro così non può passare alla storia semplicemente come la *Commedia*, merita di sfidare i secoli, di incantare chiunque le si accosti con un altro nome, *La Divina Commedia*.

E non gli basta, ha voglia di raccontare le meraviglie che ha trovato in quei versi e soprattutto nel suo autore, e allora scrive il *Trattatello in laude di Dante*, nel quale racconta la vita del poeta fiorentino, ce lo descrive come personaggio, come artista, riporta perfino dettagli sulla sua sagoma: «Poi che alla matura età fu pervenuto,» scrive «andò alquanto curvetto, e era il suo andare grave e mansueto, d'onestissimi panni sempre vestito in quell'abito che era alla sua maturità convenevole. Il suo volto fu lungo, e il naso aquilino, e gli occhi anzi grossi che piccioli, le mascelle grandi, e dal labbro di sotto era quel di sopra avanzato; e il colore era bruno, e i capelli e la barba spessi, neri e crespi».

Cominciò scrivendo versi in forma di terzine, quindi omaggiando colui che era diventato il suo grande riferimento letterario, ma è chiaro che aveva in mente un'opera tutta sua, qualcosa di totalmente originale. E il *Decamerone* originale lo fu, ma era in ogni caso costruito con materiale ricavato da quel che Boccaccio aveva imparato dall'insegnamento di Alighieri. Intanto lo strutturò in cento novelle, esattamente il numero che Dante aveva scelto per i suoi canti, che poi imbottì di quanto aveva imparato dalla *Commedia*, da quella lingua italiana che nessuno aveva mai utilizzato prima, almeno non in quel modo. Dante stesso non voleva uno stile sublime, una lingua cioè che restasse alta, sospesa rispetto alle miserie umane.

Intendiamoci, il sublime nella *Commedia* non manca, è il linguaggio elevato e solenne che troviamo nei canti del *Paradiso*. Ma Dante si servì anche di uno stile comico, utilizzato in particolare nell'*Inferno*, e caratterizzato da un tono più umile e dimesso. Infine, soprattutto nel *Purgatorio*, fece ricorso allo stile elegiaco, che ha sfumature un po' più riflessive e malinconiche. Inoltre, non si limitò a usare il fiorentino, lo mescolò con i dialetti, con il latino, con il provenzale e pure con altre lingue, sempre allo scopo di arricchire il testo.

E così fece anche Boccaccio quando realizzò il suo *Decamerone*, scritto a partire dall'anno successivo alla terribile peste nera che nel 1348 dilagava in tutta Europa. Dieci giovani, sette fanciulle e tre giovanotti, si rifugiano sulle colline fiorentine per evitare il contagio e ogni giorno si raccontano tra loro delle novelle, una a testa, rispettando il tema che viene stabilito dal re o dalla regina, entrambi eletti quotidianamente. Uno solo di loro, di nome Dioneo, non è tenuto a uniformarsi al tema, a lui è riservata la libertà di raccontare ciò che gli pare.

Quindi il *Decamerone* non ha una storia, ha cento storie riunite in un libro solo. E si tratta senza dubbio di cento storie quasi tutte memorabili, alcune rimaste davvero nella cultura italiana lungo quei sette secoli che ci dividono da Boccaccio. Rimangono indelebili soprattutto alcuni personaggi, e ciascuno ti lascia sconcertato, poiché incarna la rappresentazione fedelissima di un vizio italiano.

Il monumento italiano alla falsità

Naturalmente devo per forza partire da ser Ciappelletto, una figura che trovo letterariamente adorabile. La novella di cui è protagonista racconta di un notaio malvagio e dedito agli inganni, che l'autore descrive come «il peggiore uomo che mai nascesse». Ser Ciappelletto viene un giorno incaricato da un tale Musciatto Franzesi di riscuotere i suoi crediti in Borgogna. Lui si reca lì, ma mentre è ospite di due fratelli usurai fiorentini si ammala gravemente. I due usurai temono che il loro ospite possa morire prima di aver confessato i suoi peccati, e ciò farebbe cadere una cattiva reputazione sulla casa. Lo stesso ser

Ciappelletto non intende morire senza assoluzione, organizza perciò una falsa confessione con un frate anziano, al cospetto del quale racconta di essere stato un uomo pio e rispettoso di ogni comandamento cristiano. Una volta che passa a miglior vita, il frate ingenuo descriverà il notaio come un uomo che ha vissuto una vita santa, al punto che la comunità dei fedeli inizia a venerarlo come san Ciappelletto.

Abbiamo da una parte un uomo astuto e bugiardo, e dall'altra il popolo dei credenti che beve qualsiasi fandonia. Ed è esattamente questo il punto nel quale Boccaccio si diverte a porre davanti a noi il grande dilemma. Il senso morale condurrebbe alla condanna di ser Ciappelletto, eppure non si può negare che durante la lettura abbiamo invece la tentazione di sistemarci al suo fianco, anche quando mente in modo spudorato, e anzi forse ci piace esattamente per questo, è uno dei volti possibili del nostro lato oscuro. Il notaio ci appare in fondo solo un furbone che ha il potere di divertirci e addirittura di conquistare la nostra complicità. Il frate è invece l'incarnazione del candore, una vittima fatale delle frottole di ser Ciappelletto, eppure non ci scalda, è difficile riuscire a schierarsi dalla sua parte. Si fa abbindolare, e lui a sua volta inconsapevolmente abbindola coloro a cui racconterà quanto immacolata e devota sia stata la vita di quel mascalzone.

Noi, suoi lettori, dovremmo semplicemente fare un applauso a Giovanni Boccaccio, la sua intuizione letteraria è strepitosa. Quanti ser Ciappelletto abbiamo e abbiamo avuto in Italia, e quanti ser Ciappelletto attraversano quotidianamente la nostra strada? Quanti sono i farabutti che spendono la metà del loro tempo a far credere al mondo di essere dei benefattori, delle anime pie preoccupate soltanto del bene dell'umanità?

Pensatela come volete, io, se proprio devo dare una funzione storica a ser Ciappelletto, direi che è il fondatore del buonismo. Proprio così, il capostipite di quell'esercito di buonisti che dobbiamo tenerci sul groppone di questo paese. Individui capaci di chiudere gli occhi su ognuna delle nefandezze che commettono, e però sempre attentissimi quando c'è da lavorare affinché la loro reputazione risulti ufficialmente immacolata.

Guardo da anni a questi buonisti come a fenomeni da baraccone, infestano la nostra società e la politica, infestano i giornali, infestano i salotti delle tv, come se avvertissero il bisogno di aggiungere sempre un pizzico di ipocrisia al dibattito in corso. Sono quelli che in pubblico si atteggiano a campioni di virtù, a difensori dei diritti umani, a paladini della moralità, ma poi dietro le quinte si comportano come i peggiori furfanti. Sono i re del doppio gioco, i maestri dell'apparenza candida e della pratica sporca.

Questi signori di solito si autoproclamano buoni, sempre schierati dalla parte della correttezza e della solidarietà, ma sono in realtà calcolatori che cinicamente sanno dosare la propria pubblica purezza. Praticano tutte le furbizie possibili, dalle scorrettezze politiche alle manipolazioni mediatiche, e alla fine sanno presentarsi in pubblico come fossero santi appena discesi dal Paradiso. È un teatro grottesco, una farsa che fa ridere, e a volte piangere, per quanto è rivoltante. Nella mia carriera ne ho incrociati a centinaia di politici buonisti, tutti con l'espressione che immagino avesse ser Ciappelletto durante la sua confessione. Li senti che predicano la tolleranza e la giustizia sociale, ma appena corrono a chiudersi nelle loro stanze segrete si trasformano in lupi famelici che sanno divorarsi tra loro per poltrone e potere, pronti come chiunque altro a sfruttare ogni occasione utile per arricchirsi, per accumulare favori, per tessere trame oscure. Ma loro hanno il talento speciale di chi in un attimo si ridà un tono e torna magicamente un paladino della moralità pubblica. Qualcosa che somiglia molto agli imbonitori che incontriamo in piazza.

Sia chiaro, non appartengono soltanto al mondo della politica. Ce ne sono anche negli ambienti del volontariato, dell'associazionismo, di ciò che loro stessi definiscono «impegno sociale», perché i buonisti sono ovunque, in ciascun luogo in cui è possibile sfruttare la buonafede altrui per i propri scopi. Questi signori hanno in fondo una malattia, sono allergici alla sincerità, a quella spregiudicatezza di cui qualche volta abbiamo bisogno per sentirci più veri anche con noi stessi, al coraggio di dire ciò in cui crediamo esattamente come va detto. Preferiscono la menzogna benevola, la finzione pietosa, quella retorica ormai classica del buonismo che non serve a nulla, se non a coprire le loro magagne e i loro interessi. Sono i veri nemici della libertà di pensiero e di parola, poiché agiscono per imporre dappertutto la loro verità di comodo e la loro morale da quattro soldi.

Alla fine, i buonisti non sono altro che cattivi attori che recitano una parte senza crederci troppo, ma che pretendono comunque applausi e rispetto. Hanno la forza per parlare anche di buona coscienza, quando la loro ipocrisia è la più vile delle menzogne.

Questo voleva dirci Boccaccio, ma lui l'ha sottinteso, riassumendolo in una maschera.

L'ingenuità di Andreuccio

La quinta novella della seconda giornata del *Decamerone* ci offre un altro grande personaggio dell'opera, Andreuccio da Perugia. Credetemi, uno dei racconti più spregiudicati e amari che Boccaccio abbia confezionato. Andreuccio è un mercante di cavalli piuttosto ingenuo che un giorno arriva a Napoli con il proposito di fare affari, la sua idea è acquistare dei cavalli con i 500 fiorini d'oro che ha portato con sé. Il guaio è che viene immediatamente derubato e ingannato proprio da chi sembra mettersi a sua disposizione per aiutarlo. Tutto parte da una giovane attraente prostituta siciliana, Fiordaliso, che adocchia il denaro del mercante e si mette in testa di sottrarglielo con qualunque trucco. Finge di essere sua sorella, grazie alle notizie apprese da una vecchia che conosceva Andreuccio, lo invita a casa sua soltanto con lo scopo di impadronirsi dei fiorini e qui cominciano i mille guai in cui il giovanotto venuto da Perugia si troverà, senza averne alcuna responsabilità.

La sua esperienza è una lezione di cinismo e di sopravvivenza in un mondo nel quale la furbizia e la truffa sono la norma, non l'eccezione. Boccaccio non racconta solo una storia di sventure, ma mostra un'Italia in cui la realtà è fatta di inganni, di tradimenti, è tutta popolata da un'umanità che si muove tra il grottesco e il crudele.

Andreuccio è ancora tra noi, esattamente come ser Ciappelletto. Nel mondo ci sono gli onesti e ci sono i furfanti che provano a sbranarli. Ma ci sono anche gli onesti furbi, quelli svegli che imparano in fretta, capacissimi anch'essi di muoversi tra le ombre della giungla per evitare di farsi sbranare. E perché no? Anche di sbranare altri fessi.

Nella vita tutti siamo stati coglioni, tutti siamo stati ingenui e solo con un pizzico di ritardo ci siamo resi conto che in casa di Fiordaliso non dovevamo andarci, che abbiamo preso una strada che sarebbe stato meglio lasciar perdere. Recentemente ho incontrato Matteo Renzi, e siccome mi sta simpatico, ho rimesso un po' di sale sulle sue vecchie ferite, gli ho ricordato che sciocchezza abbia fatto promuovendo con tutte le sue energie quel referendum nel 2016. Non è per niente un fesso, doveva capirlo che non fregava un cavolo a nessuno. Il referendum l'ha perso e ha voluto dimettersi, dunque l'ha pagata e da lì sicuramente qualcosa ha imparato. Non ha mai più riguadagnato i suoi 500 fiorini, ma sono sicuro che grazie a scelte diverse si è tolto ben altre soddisfazioni.

L'eternità di Wanna Marchi

Chi ha letto il *Decamerone* non dimenticherà mai frate Cipolla, che troviamo nella sesta giornata. È un altro di quei personaggi che attraversano la letteratura restando eterni, e soprattutto ricordando al mondo ancora una volta che, se il popolo è bue, esistono sempre alcuni mandriani che si prendono la licenza di guidarlo.

Lui è un frate dell'ordine di Sant'Antonio, e tutti gli anni si reca a Certaldo per raccogliere offerte dai fedeli, promettendo ogni volta di mostrare una preziosa reliquia. Secondo la sua versione dei fatti, si tratta di una piuma dell'arcangelo Gabriele, che è caduta proprio durante l'Annunciazione. Giovanni del Bragoniera e Biagio Pizzini, due abitanti di Certaldo che sono amici di frate Cipolla, decidono di fargli uno scherzo e approfittano del fatto che Guccio Imbratta, il servo del frate a cui è stato affidato l'incarico di custodire la reliquia, è distratto poiché va a corteggiare una cuoca che tanto desidera. Così, i due entrano nella stanza di frate Cipolla, rubano la piuma, che in realtà è la penna di un pappagallo, e la sostituiscono con dei carboni. Frate Cipolla scoprirà ovviamente il furto, ma per lui restare senza piuma non modifica granché la situazione. Più che la piuma, conta la sua abilità nell'usare le parole e nel convincere chi lo ascolta, e allora senza troppi problemi e soprattutto senza alcuno scrupolo inventa una nuova storia ancora più intricata e più incredibile. Ma tanto è sicuro di poter contare sulla sua platea di babbei, disposta a bersi qualsiasi sciocchezza purché provenga dalle sue labbra, una fonte di cui il popolo ha deciso di fidarsi.

Lungo i secoli, passano continuamente dei Wanna Marchi, quelli che sull'idiozia dei creduloni fondano le loro fortune, e che si convincono pure che se sei un inguaribile fesso in fondo è anche giusto che la paghi.

Del resto, nei confronti dei personaggi che riescono a usare la propria astuzia fino a trasformarla in denaro tutti noi abbiamo sempre un doppio giudizio. Da una parte viene spontanea la condanna, viene fuori il nostro senso della giustizia e quindi il bisogno che sia punito chi viola le regole. Ma confessiamolo, dall'altra salta fuori anche un certo sentimento di ammirazione che non possiamo fermare, d'altro canto ogni gran furbo è indiscutibilmente un individuo che deve disporre di una notevole intelligenza, uno nei confronti del quale proviamo perciò un po' di rabbia ma anche un po' di invidia.

Quando c'è da rappresentare la creduloneria, Boccaccio sceglie spesso l'ambito religioso, i fedeli, evoca quella suggestione che purtroppo nelle teste di tanti riesce a fare enormi danni. Io sono ateo, quindi la piuma di frate Cipolla può essere di questo o di quell'altro, a me non frega un accidente. Considero una gran rottura anche il giorno di Natale, mi entra in casa un sacco di gente estranea, e questo a ogni anno che passa mi piace sempre meno. Papi, sacerdoti e Wanna Marchi per me sono tutti veramente dei frate Cipolla. Lei prometteva rimedi magici che non esistono? Loro per me fanno lo stesso. Lei riusciva a vendere a migliaia di citrulli dei semplici barattoli a prezzi salatissimi, pieni di creme tutte uguali senza nessun valore, altri fanno più o meno lo stesso quando cercano di venderci presepi e alberi di Natale.

Il dono della pazienza

Nella novella che chiude il *Decamerone*, quindi la centesima, Boccaccio ci fa conoscere Griselda. È una povera pastorella che viene scelta come sposa dal marchese Gualtieri di Saluzzo per compiacere i suoi sudditi, malgrado lei abbia un'umile origine. Griselda conquista presto tutti con la sua dolcezza e la sua dignità. Dalla loro unione nasce una bambina, e Gualtieri decide di mettere alla prova la fedeltà e l'obbedienza della moglie, perciò la inganna facendole credere che la bambina è stata uccisa per suo ordine; in realtà la affida in gran segreto a una parente che vive a Bologna.

Griselda è ovviamente distrutta dal dolore, ma accetta gli eventi senza ribellarsi. Tempo dopo nasce un secondo figlio, stavolta maschio. Gualtieri decide di ripetere la sua prova crudele, porta via il bambino servendosi della stessa finzione. Tredici anni più tardi, il marchese annuncia di voler sposare una nobildonna e ordina quindi a Griselda di lasciare il palazzo, e lei nuovamente accetta il suo destino con umiltà, prima di andar via chiede solo di poter indossare una camicia, per non tornare nuda alla sua casa d'origine.

Eccola finalmente protagonista, una figura che non inganna, ma viene ingannata. Ecco un personaggio di Boccaccio che non usa l'astuzia, ma la propria solidità. Griselda non è affatto una vittima che si beve ogni frottola, è una vittima pienamente consapevole della propria forza, sa di aver accettato un destino difficile e ogni giorno della sua vita con quel destino è disposta a farci i conti.

Se penso alle vittime innocenti, mi tornano alla mente gli anni di Mani Pulite, i giorni in cui improvvisamente scoppiò la bufera, della quale mi assumo alcune responsabilità. All'epoca scelsi un atteggiamento da giornalista duro, a volte anche spietato. Quell'ondata di giustizialismo un po' l'ho innescata, un po' nei mesi successivi mi ha trascinato. Del resto, allora il pool di Milano e il giudice Antonio Di Pietro sembravano la soluzione che avrebbe spazzato via quella corruzione che proseguiva beata da decenni. Purtroppo devo ammettere che una parte di quella ventata di puritanesimo giudiziario si trasformò anche in una strage degli innocenti, una caccia alle streghe che travolse vite e danneggiò la politica italiana in modo profondo.

Si diffuse in effetti un clima che contribuì a distruggere carriere e reputazioni, e raramente fu garantito il diritto alla difesa e alla presunzione di innocenza. A proposito di quella fase della nostra storia, resta qualcosa che non è ancora stato detto con chiarezza definitiva. E riguarda una realtà evidente. Il pentapartito all'inizio degli anni Novanta era maggioranza di governo, e fu completamente massacrato e smantellato da Di Pietro e dai suoi compagni di toga.

Ricordate il nome di Citaristi? Bergamasco come me, ricopriva il ruolo di segretario amministrativo della Dc, e fu crocifisso, letteralmente crocifisso. A causa di presunte violazioni relative al finanziamento illegittimo, gli fecero recapitare un numero di avvisi di garanzia da record del mondo. Non scherzo, in totale furono 74. Era una persona perbene, ma fu trattato come un delinquente dedito al crimine. Quando fu giudicato, le condanne a suo carico parlavano di corruzione in concorso con pubblici ufficiali, solo che di quei pubblici ufficiali non ne è stato mai rintracciato nemmeno uno. Il dolore che visse in quei mesi diventò una tortura definitiva quando pochi anni dopo perse la figlia e il nipote, vittime di un incidente aereo. È morto poco meno di vent'anni fa, voglio ricordarlo poiché diventò uno dei simboli di Mani Pulite, e non lo meritava. Quegli avvisi di garanzia lo resero tristemente popolare, poi su di lui calò un terribile silenzio.

IV

Il Principe

La sentenza di morte dell'ipocrisia, la politica affrontata a viso aperto

La nascita della politica moderna

Quando si parla del *Principe*, molti si mettono subito sulla difensiva, come se Machiavelli fosse un mostro da evitare, un demone che ha contaminato la politica con la sua visione cinica. Vi dico subito una cosa: Machiavelli è il miglior amico di chi vuole capire come funziona davvero il potere. Il suo non è un libro da leggere con gli occhiali rosa, ma con gli occhi spalancati e la mente libera da illusioni.

La politica è lercia, è un campo di battaglia, e chi pensa che basti la buona volontà per governare è un ingenuo o un ipocrita. Con *Il Principe* entriamo nel cuore nero della politica, nel ventre molle del potere, in quella giungla dove solo i più spietati sopravvivono. Machiavelli questo profilo lo ha colto e lo ha analizzato prima di tutti, e per questo è stato odiato, frainteso, accusato, quasi fosse il diavolo venuto a inquinare il candore della politica. Un candore che ovviamente non è mai esistito, né ai suoi tempi, né nei secoli prima di lui. La verità è che senza la sua lezione saremmo ancora a raccontarci favole. Si capisce fin dalle prime pagine che Machiavelli non ha tempo per le illusioni, per lui la politica non è un gioco di società dove tra le regole ci sono le buone maniere. È una lotta per la sopravvivenza, in cui spesso le regole nemmeno si rispettano, una guerra senza esclusione di colpi. E chi non lo capisce finisce schiacciato.

Prima di Machiavelli, la politica era un discorso da filosofi idealisti, e soprattutto da teologi. Chiunque tra questi sapienti era autorizzato a parlare di giustizia, di bene comune, di virtù civica, come se il mondo fosse un giardino in cui si coltivano rose.

Un giorno arriva da Firenze un signore che di mestiere fa il segretario della Cancelleria della Repubblica nella sua città, un signore che si chiama Niccolò Machiavelli. A causa del suo lavoro, nel corso della disputa per il governo della città, di scontri, di meschinità e porcherie ne ha viste tante. La realtà gli pare notevolmente diversa rispetto ai resoconti che legge nei trattati di politica del suo tempo. A lui sembra qualcosa di molto più semplice e più brutale, una faccenda fatta di uomini che vogliono comandare e altri uomini che vogliono comandare su di loro. Inutile farsi troppe illusioni, una specie di inevitabile guerra permanente.

Da quel momento, dopo la pubblicazione della sua opera, la politica non è più chiacchiere trascendentali, non è più filosofia astratta, diventa una scienza, una disciplina autonoma che non dipende più dalla morale o dalla religione, ma soltanto dalla capacità di agire in modo efficace, di incidere sui destini del mondo reale. È la nascita del realismo politico, quel realismo che ancora oggi molti fingono di non conoscere.

Machiavelli non è un ottimista, tutt'altro, possiamo anzi definirlo il più classico dei pessimisti realistici. Parte da un presupposto, e cioè che l'uomo è naturalmente egoista, ingrato, falso, volubile, amante del rischio solo quando gli conviene. Insomma, non un bel soggetto con cui stringere accordi, stipulare patti, fare politica. Ed è proprio questo, secondo Machiavelli, il motivo per cui il Principe è costretto a restare sempre vigile, deve saper prevedere i tradimenti, e deve essere cinico e abile nell'usare la paura come strumento di governo.

Il Principe è il manuale del potere scritto finalmente senza filtri, senza ipocrisie, senza quella patina di moralismo che oggi dobbiamo sorbirci sulla strada del politicamente corretto. È il libro che ogni politico italiano, dal più piccolo sindaco al più grande presidente del Consiglio, dovrebbe leggere almeno una volta nella vita. Per capire cosa vuol dire comandare, per capire cosa vuol dire amministrare, per capire in sostanza come sono fatti gli uomini, quelli che danno ordini e quelli che obbediscono.

So bene che si tratta di una visione dell'uomo piuttosto sgradevole, ma è la base per comprendere perché la politica non possa essere organizzata sui buoni sentimenti. Basta guardare i nostri politici, spesso si atteggiano a paladini della bontà, amano mostrarsi con la faccia buona e sorridente, e intanto si rivelano incapaci di tenere insieme un governo senza litigare ogni due giorni.

Machiavelli parla anche di virtù, ma toglietevi dalla testa che sia qualcosa che riguarda l'etica o la morale. Niente di tutto questo. La virtù machiavelliana è la capacità di agire con efficacia, di saper cogliere le occasioni, di saper essere spietati quando serve. È dunque la forza, l'intelligenza, la determinazione.

Un Principe virtuoso non è un santo, e non può esserlo, ma un uomo che sa come si mantiene il potere, che sa quando è opportuno essere amato e quando invece è più conveniente essere temuto. E soprattutto, sa quando tradire e quando essere fedele, quando va usata la forza e quando è meglio scegliere la diplomazia.

Fortuna e destino, la ruota gira

La fortuna è un'altra delle parole chiave nel vocabolario di Machiavelli, lui la vede come una donna capricciosa, che può aiutarti e può anche farti cadere. Ma non basta affidarsi alla fortuna, perché bisogna imparare a domarla, saper cavalcare la ruota senza lasciarsi schiacciare. Ed ecco allora che torna indispensabile la virtù, l'abilità nell'adattarsi, nel restare flessibili, nel saper modificare la propria strategia ogni volta che serve.

Se penso ai nostri politici, me ne vengono in mente decine che si sono fatti travolgere dalla fortuna avversa perché incapaci di cambiare passo. Per questo l'Italia è un paese in cui ci pare di assistere a una continua altalena di successi e fallimenti. Sono il frutto dell'incapacità, la sfortuna non c'entra.

Uno dei passaggi più celebri e ovviamente più controversi del *Principe* riguarda la crudeltà. Machiavelli lo dice chiaro, a volte è necessario essere crudeli, ma sempre con misura e avendo come obiettivo il bene dello Stato. Quindi la sua non è crudeltà fine a se stessa, ma uno strumento spesso indispensabile per mantenere l'ordine e il potere.

So bene che oggi questa idea fa rabbrividire tanti, ma lasciate che vi dica che a volte senza un minimo di fermezza, senza la capacità di prendere decisioni in qualche caso anche dure e impopolari, non si va da nessuna parte. Purtroppo la nostra storia repubblicana recente ci ha riservato più volte una classe dirigente che sembra uscita da un cabaret. Nel nostro paese prevale la paura di sembrare cattivi, ed è proprio questa paura che ha finito col generare prudenza e paralisi, e questo blocco noi tutti continuiamo a scontarlo con il caos, l'inefficienza e la corruzione.

Per comprendere Machiavelli, è necessario guardare alla storia. Cesare aveva determinazione e capacità di usare la forza, ed è infatti un classico esempio di Principe machiavelliano. Mussolini è stato un leader segnato da mille contraddizioni e da numerosissimi errori, ma ha certamente incarnato quella virtù dura e spietata che Machiavelli descrive, anche se poi gli esiti sono stati disastrosi. Dai resoconti che ci restano, sappiamo che lui stesso amò intensamente *Il Principe* e Machiavelli, si dice che lo leggesse a casa ad alta voce in compagnia del padre. Di sicuro scrisse una prolusione sull'opera quando nel 1924 l'università di Bologna doveva consegnargli una laurea *honoris causa* in legge.

Ma il vero Principe moderno, il Principe per eccellenza, è Silvio Berlusconi, e qui non ho nessunissimo dubbio. L'italiano più amato e più odiato, più temuto e più adulato, un personaggio capace di manipolare la fortuna e di usare la sua virtù per restare al potere più a lungo di quanto praticamente tutti avessero previsto. Berlusconi ha dimostrato che la politica è un gioco sporco, e non c'è nulla di male ad ammetterlo, non è necessario fare tanti drammi, e nemmeno questa certezza deve far perdere il sorriso. Basta mostrarlo senza neppure fingere troppo, perché chi vuole vincere, e ha la stoffa per farlo, deve saper giocare con tutte le sue carte, anche quando sono indigeste per chi siede allo stesso tavolo.

Confesso che più di una volta, nella mia lunga carriera di giornalista e direttore, ho dovuto mettere in pratica quella che potrei chiamare la «virtù machiavellica». Non è facile, credetemi, però vuol dire saper scegliere le battaglie giuste, saper riconoscere i traditori, e in certi casi anche saper colpire senza pietà chi ti vuole affossare. Ho dovuto spesso fare scelte difficili, prendere decisioni impopolari, affrontare nemici invisibili.

Ne ho visti tanti di colleghi cadere perché non hanno avuto la forza per compiere queste scelte. Ho visto direttori che si sono fatti mangiare vivi perché tentavano a ogni costo di essere amati da tutti. Ho capito che alla fine vince chi al momento giusto riesce anche a essere brutale o spregiudicato. E che pure questo risulti politicamente scorretto, chi se ne infischia.

In tanti anni ho visto politici che sembravano principi e si sono rivelati pagliacci, e pure presunti pagliacci che hanno avuto un lampo di virtù e hanno cambiato le carte in tavola. Ho imparato che la politica quasi mai è fatta di ideali, ma molto spesso di potere, e chi non lo capisce è destinato a fallire.

Non corriamo il rischio di mettere *Il Principe* in libreria e poi dimenticarlo lì. È un testo vivo, un manuale di sopravvivenza politica, un invito a guardare la realtà senza filtri. Se vogliamo un'Italia che torni a essere un paese serio, dobbiamo smettere di fare gli illusi e ricominciare a leggere Machiavelli.

Non per diventare crudeli o spietati, ma per capire il senso della politica, quanto sia un mestiere duro che richiede coraggio, intelligenza e anche un po' di spregiudicatezza.

Il Principe Belzebù

Nel corso della cosiddetta Prima Repubblica, se si fosse organizzato un sondaggio con la domanda: «Chi è il più machiavellico dei politici italiani?», Giulio Andreotti avrebbe vinto prendendosi il primo, il secondo e pure il terzo posto. A un certo punto era davvero diventato per tantissimi una specie di simbolo, l'emblema del politico astuto, inattaccabile, il potente dallo stile cardinalizio, tutto casa e chiesa, e nondimeno spietato.

Dal 1989 al 1992 ho diretto il settimanale «L'Europeo», in quel periodo proprio Giulio Andreotti è stato un collaboratore del nostro giornale. Teneva una rubrica, dal titolo *Visti da vicino*, in cui commentava i fatti più significativi del momento. Da direttore, ne ero pienamente soddisfatto, gli articoli che portavano la sua firma erano molto seguiti, sollecitavano dibattiti, discussioni, erano insomma un elemento di grande vivacità per il giornale e per il clima politico italiano più in generale. Del resto, era convinzione comune che nessuno ne sapesse quanto lui, che i meccanismi più nascosti della politica del nostro paese fossero un segreto per tutti... per quasi tutti, lui faceva eccezione.

Durante le prime settimane in cui fui chiamato a dirigere «L'Europeo», un giorno la segreteria mi passa una telefonata, dall'altra parte c'è Giulio Andreotti che vuole parlarmi. Nulla di particolare, scambiamo due chiacchiere anche piuttosto formali, lui mi augura buon lavoro e io gli esprimo il mio piacere di ricevere settimanalmente i suoi articoli. Devo dire che non ebbi mai nulla da eccepire sul contenuto di ciò che scriveva, oltretutto averlo tra i nostri collaboratori accresceva il prestigio del giornale e in più contribuiva senz'altro a incrementare le vendite, e non c'era argomento che mi stesse più a cuore di questo.

Dopo qualche tempo, si verificò un fatto che posso definire un incidente. Pubblicammo un servizio forse un po' troppo disinvolto, si parlava di un caso di terrorismo e devo ammettere che le imprecisioni riportate nel pezzo erano numerose; un secondo problema è che alcune di queste inesattezze riguardavano proprio la figura di Andreotti, che d'altra parte era stato così spesso presidente del Consiglio da ritrovarsi coinvolto con il ruolo di protagonista praticamente in qualsiasi vicenda che riguardasse il nostro paese. Mi arrivò immediatamente notizia che Andreotti era seriamente indispettito da quell'articolo, e in effetti nel giro di qualche giorno mi chiama Giorgio Fattori, a quell'epoca presidente della Rizzoli, che era l'editore dell'«Europeo». Mi disse che era stato contattato da Andreotti, il quale voleva che mi recassi da lui a Roma, a Palazzo Chigi, poiché desiderava un chiarimento direttamente con me.

Non posso nascondere che il giorno dell'appuntamento ero piuttosto agitato, in ogni caso all'ora prestabilita mi presentai nell'anticamera del suo ufficio. Dopo pochissimi minuti, si aprì una porta, era lui in persona che si affacciava nello stanzone in cui lo aspettavo e che mi invitava a entrare. Ero certo che mi sarebbe toccata un'energica ramanzina, e tutto sommato ero anche pronto a subirla. Lui invece conservò un comportamento controllatissimo, mi invitò ad accomodarmi su una poltroncina che era sistemata proprio accanto alla sua scrivania e iniziò a coprirmi di complimenti e di varie cortesie. Ero quasi sconvolto, ma in fondo piacevolmente sconvolto. Molto meglio quella sorpresa che la lavata di capo. Ero andato lì sicuro di dover ricevere pesanti lamentele, e invece mi ritrovavo ad ascoltare tutta una serie di carinerie e di premure.

Credetemi, mi sembrava di non capirci un accidenti. Il presidente si informò su come stesse andando il giornale, mi chiese con grande cortesia notizie sulla mia famiglia, e per almeno mezz'ora continuò a gratificarmi in ogni modo possibile, dopodiché con altrettanta cortesia mi congedò. Tra noi, lo scontro che io ritenevo inevitabile non ci fu mai. Lui non mi fece notare nulla, io ovviamente non usai nessuno degli argomenti che mi ero preparato per giustificarmi ed eventualmente provare a controbattere. Qualcosa però accadde, io a partire da quell'appuntamento non ebbi mai più la forza di attaccarlo frontalmente, né di contestargli alcunché, anche quando ero convinto che fosse davvero Belzebù venuto sulla Terra, e per giunta la figura che più di ogni altra rappresentava la Prima Repubblica, dunque quel mondo che prestissimo sarebbe saltato per aria. Pensavo di lui che fosse il democristiano più dannoso di quell'intera galassia che era il suo partito, un uomo indistruttibile, ostile a qualsiasi forma di cambiamento che potesse essere utile per il paese. Malgrado ciò, non lo attaccavo, non con la forza che regolarmente usavo con altri, e anche quando manifestavo opinioni a lui contrarie, credo di aver avvertito una specie di freno, un meccanismo che mi induceva a contenere buona parte della mia energia polemica. In quel nostro strano appuntamento aveva raggiunto il suo obiettivo, mi aveva disorientato con le sue maniere gentili. A differenza di tanti altri, Andreotti aveva letto *Il Principe* di Machiavelli, e cosa a volte la diplomazia è in grado di conquistare lo sapeva perfettamente.

La debolezza arrogante

Non molto tempo fa, abbiamo visto tutti un video in cui Romano Prodi, ex presidente del Consiglio, infuriato per la domanda posta da una giornalista, ha compiuto nei suoi confronti un gesto che ha suscitato un acceso dibattito.

Un uomo che si comporta in questa maniera dovrebbe fare i conti con se stesso, rassegnarsi, indossare le pantofole e chiudersi in casa evitando ogni uscita pubblica, starsene buono buono, tranquillo e limitarsi a guardare la televisione. E poi magari leggere i giornali, e non fare nient'altro. Quando l'ira prevale in questa maniera sulla ragione, vuol dire che qualcosa si è rotto, vuol dire che hai smarrito, oppure non hai mai avuto davvero, la capacità di autocontrollo, che è la prima dote di un vero Principe.

V

I promessi sposi

Le pagine in cui nasce il Risorgimento

Le invenzioni

A scuola ci avevano detto che l'italiano l'aveva inventato Dante, ma, quando con il programma siamo arrivati a Manzoni, il concetto ce l'hanno aggiornato. Nei *Promessi sposi* si inventa l'italiano moderno. Quindi dobbiamo dedurre che il nostro italiano, che sappiamo essere fiorentino, lo ha creato in realtà un milanese, e possiamo dire un milanese purissimo. Vediamo com'è andata. Alessandro Manzoni trascorre la sua gioventù in una casa colta, suo nonno era il celebre Cesare Beccaria, giurista e criminologo autorevolissimo ai suoi tempi, e piuttosto popolare ancora oggi. Possiamo dire che fosse pure una casa nobile, nobile ma non troppo. La famiglia di suo padre Pietro aveva in realtà ereditato un feudo a Moncucco, nella zona di Novara. Questo faceva di lui un conte, ma un conte a validità limitata, un conte di provincia. Il Novarese rientrava nel Regno di Sardegna, e lì il suo titolo aveva pieno corso, ma a Milano non era riconosciuto.

Il giovane Alessandro parlava in casa una lingua che era un misto tra il francese e il dialetto lombardo, ma già allora le classi più colte puntavano a servirsi di una lingua che almeno si avvicinasse all'idioma fiorentino, per questo si sforzavano di aggiungere le desinenze alle parole che nel loro dialetto pronunciavano senza la vocale finale. Un'abitudine che Manzoni chiamava «il parlar finito». Siamo al tempo in cui c'era una distanza che pareva incolmabile tra l'italiano letterario, quello che usava qualsiasi intellettuale che scrivesse dei libri, e l'italiano che parlava la gente comune, una lingua che ovviamente era locale, differenziata. In un territorio se ne usava una, in un altro territorio una diversa. Ora, Manzoni aveva due grandi desideri. Da una parte voleva scrivere un romanzo storico, che aveva già una solida tradizione in Francia e in altri paesi europei, ma che in Italia era quasi del tutto assente. Dall'altra voleva realizzarlo in una lingua che fosse compresa e parlata da tutti, quindi una lingua che all'epoca non esisteva.

Intanto provò a esaudire almeno il primo desiderio e buttò giù quello che già possiamo definire un capolavoro, *Fermo e Lucia*. Ma non era soddisfatto, gli mancava il secondo elemento che tanto gli stava a cuore. In una successiva introduzione alla sua opera era severissimo con se stesso: «Scrivo male ... scrivo male a mio dispetto; e se conoscessi il modo di scriver bene, non lascerei certo di porlo in opera». Liberi di non crederci, ma Alessandro Manzoni era sicuro di scrivere male, ed era altrettanto sicuro che, qualora fosse stato capace di scrivere bene, l'avrebbe immediatamente fatto. Scusate, ma di fronte a queste parole non riesco a non pensare a quell'esercito di incapaci che scrivono con la certezza di appartenere alla categoria dei grandi letterati.

A questo punto è necessario capire che Manzoni, quando temeva di scrivere male, voleva in realtà raggiungere una lingua che somigliasse a quella parlata, non la consueta lingua barocca che soprattutto ai suoi tempi era il codice utilizzato da ogni scrittore. A lui quel barocco non piaceva, gli pareva che avesse un suono falso, innaturale, troppo distante dall'italiano che le persone comunemente usavano nella loro vita. E sulla base di questo proposito fece ciò che trasformò per sempre il suo grande romanzo: sciacquò i panni in Arno.

Quanto lo capisco. Da sessant'anni faccio il mio mestiere e c'è un solo obiettivo a cui ho sempre mirato, una scrittura semplice, lineare, che non sembri mai compiaciuta di se stessa. Chiunque scrive deve tentare di arrivare a chi lo leggerà in modo chiaro, il più diretto possibile, è la sola strada per evitare ambiguità. Io scrivo piuttosto velocemente, poi però rileggo tre volte, anche quattro, possono sempre sfuggirti frasi che hanno un brutto suono, ripetizioni fastidiose, concetti superflui, avverbi che appesantiscono. Ho sempre pensato che bisogna fare tutto quello che occorre per essere comprensibile, lo sforzo deve farlo chi scrive, non va chiesto al lettore. Giornalisti nella mia vita ne ho incrociati molti, sicuramente anche troppi. Un tic che hanno tantissimi è la ricerca spasmodica di un attacco del pezzo che sia avvincente, nella loro testa deve incantare chi legge in quelle primissime cinque o dieci parole. Sapete per me quanto conta l'attacco? Un tubo. Se hai veramente qualcosa da dire, non importa il modo in cui cominci, importa che tu sappia affrontare immediatamente il tema di cui parlare, quello che conta davvero è che tu sia capace di ottenere la curiosità di colui che ti legge.

Le influenze

Una parte importante dell'ispirazione di Manzoni venne dalla lettura di Walter Scott. Questo scrittore scozzese, considerato il fondatore del romanzo storico, fu autore di storie che mescolavano la finzione narrativa con eventi della grande storia politica e militare. Soprattutto fu l'autore di *Ivanhoe*, un'opera che è rimasta famosa.

Le letture che si insinuano nella nostra vita sono il motivo per cui scrivo queste pagine. La letteratura, come la musica, come il cinema, entra nella nostra esistenza e ci condiziona anche più di quanto noi stessi riusciamo a renderci conto. Nel corso della mia adolescenza, e in tutta la prima parte della mia giovinezza, ho letto autori che mi hanno influenzato, autori che non sono più usciti dalla mia sensibilità. Quanto poi io davvero abbia imparato da loro non sono in grado di dirlo, però c'è quello che ti resta dentro, proprio come una melodia che un giorno ti si pianta nella testa e non ne uscirà mai più. Se ti confronti con la prosa degli scrittori più abili, quelli che quando scrivono ti sembra che con uno schizzo solo sappiano disegnare il mondo, è inevitabile che poi proverai a imitarli, vorrai replicare quello stesso stile, quelle stesse concatenazioni di parole. Sinceramente, non so dire chi mi abbia influenzato di più. Di una cosa sono sicuro, quelle letture che risalgono a tanti anni fa mi hanno aiutato ad arricchire il vocabolario, sono loro ad avermi insegnato la sottile arte del periodare. Chi non legge non può pensare di scrivere, ma poi emerge anche una rielaborazione che è strettamente personale, che è legata alla sensibilità di ciascuno di noi. Come ho detto, io detesto tutte le ampollosità, le sterili esibizioni di cultura o di erudizione. Molti le trovano fondamentali, ne fanno il lievito del proprio impasto. Io faccio il giornalista e ho semplicemente il compito di parlare alla gente. Devo farlo bene, con chiarezza e se possibile anche con eleganza, ma questo non vuol dire riempire il testo di paroloni, di periodi dalle costruzioni acrobatiche. Il giornalismo è divulgazione, ed è il motivo per il quale a volte trovo giusto concedermi qualche espressione che a qualcuno può apparire volgare, e forse anche fuori luogo, ma in fondo non è nient'altro che linguaggio del popolo.

Manzoni ebbe tra gli ispiratori anche suoi contemporanei, in particolare nelle sue biografie si legge che risultarono per lui rilevanti soprattutto la figura e il pensiero di Claude Fauriel, uno storico e un linguista che gli suggerì una nuova idea del rapporto fra la storia, la letteratura e l'impegno civile, un aspetto che poi diventerà determinante nella sua opera.

Non solo le letture, ma anche chi ci sta accanto, colei o colui con il quale lavoriamo, possono orientare, e in certi casi anche guidare, le nostre scelte stilistiche. Io per esempio ho avuto un rapporto professionale stretto con Oriana Fallaci. Diciamolo subito, una rompiballe senza confronti, una vera fanatica del testo e di come va scritto, che poteva stare un'intera settimana su un solo articolo. Una pittrice, più che una cronista, sembrava che non dovesse mai smettere di dare quell'ultima pennellata. Ma sono sicuro che se ho imparato a rendere la mia prosa più limpida, più raffinata, lo devo certamente pure a lei, che era una fuoriclasse.

Ho cercato di imparare, e non so quanto ci sono riuscito, anche da Montanelli. È stato lui a creare «il Giornale» e per molti motivi lo considero il mio mentore, tantissime volte i suoi consigli mi sono stati utili, del resto è stato un uomo e un giornalista con un'esperienza lunghissima e straordinaria. Ogni tanto accadeva che ci incontrassimo per mangiare un boccone insieme, ed era un pranzo che posso definire intimo e sicuramente spartano. Eravamo a tavola soltanto noi due, in una trattoria toscana che non aveva nulla del ristorante alla moda, un luogo nel quale non potevi incontrare personaggi famosi. Sul pavimento, proprio accanto ai suoi piedi, Montanelli teneva un fiasco di vino, ogni tanto lo prendeva e ne versava un po' nel mio e nel suo bicchiere, si impegnava in questo gesto con una cura e una premura che mi intenerivano, mi facevano pensare a quanto affetto mi dedicasse. Per la verità, non ho mai compreso il motivo per cui tenesse il vino sotto il tavolo e fosse lui a versarlo poi nei bicchieri assumendosi il compito che toccava al cameriere. L'ho sempre interpretata come una delle stranezze di un uomo molto particolare.

Quando Berlusconi decise di sostenere il progetto di Montanelli e lo lasciò libero di fare il direttore e il giornalista alla sua maniera, scelse di non intromettersi nella linea editoriale, e di non prevaricare mai le decisioni di Montanelli, come lui stesso ha sempre riconosciuto. Ma evidentemente questo non bastò a placare i timori del direttore, soprattutto a partire dal giorno in cui Berlusconi annunciò la famosa discesa in campo, quando cioè ritenne opportuno entrare di persona nella disputa politica. Probabilmente Montanelli temeva che Berlusconi sarebbe stato massacrato dai suoi avversari, e che in ogni caso quella decisione avrebbe inquinato, limitato e condizionato ciò che per lui doveva restare inviolabile, la libertà personale di realizzare il suo quotidiano e nient'altro. In breve, tutto questo portò agli eventi in seguito ai quali io giunsi alla direzione del «Giornale». Era l'anno 1994.

È stato certamente un mio maestro anche Enzo Biagi, che nel corso degli anni mi ha dato tantissime dritte preziose per rendere un pezzo più attraente, e devo dire che mi ha anche insegnato il modo in cui affrontare le telecamere della televisione. Poi ci sono quelli che leggi ma ti accorgi subito che restano distanti, ne riconosci il talento, però non c'entrano niente con la tua sensibilità. Per me è stato così con Gianni Brera. Molti della mia generazione provavano a imitarlo, a quel tempo si può dire che avesse creato una vera e propria scuola. Uno stile che non faceva per me, quel modo di esprimersi che somigliava tanto a Gadda non era il mio. Quelle ricercatezze così oscure, quei labirinti di parole da cui ti pareva di non poter uscire, quei neologismi di fronte ai quali tanti lettori dovevano arrendersi, non erano il mio pane e non erano il mio orizzonte. Io l'eleganza voglio trovarla nella chiarezza, più mi pare di essere diretto e più sono soddisfatto di ciò che ho appena creato.

Ho imparato a leggere e scrivere quando ero piccolo piccolo, grazie all'aiuto che mi veniva ogni tanto dalla zia Tina. Le facevo mille domande, sono certo di averla estenuata: «Cosa c'è scritto qui? E invece cosa c'è scritto qui?». Questa fase di formazione, quella in cui imparavo a riconoscere le lettere dell'alfabeto e la loro combinazione, è avvenuta sfogliando i giornali. Devo dire che la carta stampata mi ha sempre attratto, anche quando frequentavo la scuola elementare nascondevo sotto il banco la copia di un quotidiano. Ogni volta che mi pareva che il maestro fosse preso da altro, e che il suo sguardo non si dirigesse dalle mie parti, abbassavo subito gli occhi per dare una sbirciata. Spesso accompagnavo mia madre al salone della parrucchiera, e lì c'erano delle meravigliose pile di giornali di ogni tipo. Andavo subito a cercare *La stanza* di Montanelli, una rubrica che veniva pubblicata sulla «Domenica del Corriere». Ero solo un bambino, e pensavo: «Quanto deve essere importante questo signore, se ha una stanza tutta per sé».

Il destino di Renzo e Lucia

Il romanzo *I promessi sposi* si svolge in Lombardia tra il 1628 e il 1630, durante la dominazione spagnola. Renzo Tramaglino e Lucia Mondella sono due giovani che vivono in un piccolo paese vicino al lago di Como e che si sono promessi il matrimonio. C'è però un ostacolo, un signorotto locale di nome Don Rodrigo che desidera Lucia, perciò ordina ai suoi bravi di impedire l'unione tra la giovane e Renzo. E poiché il parroco Don Abbondio è già pronto a celebrare le nozze, minaccia anche lui. Don Abbondio è impaurito, e avanza mille scuse pur di rimandare la cerimonia. Renzo allora chiede aiuto all'avvocato Azzeccagarbugli, ma senza successo, intanto interviene padre Cristoforo, un frate cappuccino molto saggio dal passato violento, che tenta di convincere Don Rodrigo a desistere, venendo però respinto. Agnese, la madre di Lucia, propone un matrimonio a sorpresa, ma il piano fallisce e i due giovani sono costretti a fuggire. Lucia si rifugia nel convento della monaca di Monza, Renzo invece si dirige verso Milano. Una volta in città, nel corso di una rivolta popolare provocata dalla carestia, viene arrestato, ma riesce a fuggire. Don Rodrigo si sente minacciato, e con l'idea di far rapire Lucia si rivolge all'Innominato, personaggio misterioso che sembra un temutissimo capo della malavita. L'Innominato esegue, ma poi, in modo imprevedibile, è assalito da una crisi di coscienza, decide di liberare Lucia e di convertirsi. A questo punto, a Milano scoppia un'epidemia di peste che colpisce anche Renzo e Don Rodrigo. Lucia è ricoverata nel Lazzaretto della città, nel quale Renzo la ritroverà guarita. Dopo ulteriori sviluppi, e soprattutto grazie all'intervento del cardinale Borromeo e di padre Cristoforo, Renzo e Lucia riescono a sposarsi, il lungo ciclo delle loro disavventure finalmente si chiude.

Le nozze a quel tempo dovevano essere più importanti di quanto lo siano oggi. Ma lo erano anche ai miei tempi. Sono sposato con mia moglie Enoe da ormai cinquantasette anni e non l'ho mai tradita, al massimo ho diversificato. L'ho fatto solo per rendermi la vita un po' meno noiosa. Lo fanno tutti, non si può dire che sia roba da criminali. E comunque, mia moglie può star sicura che mai, con nessun'altra donna, mi sono preso la libertà di parlar male di lei. Posso giurare che da qualche anno ho chiuso con quasi tutto. Molti sanno come la penso, il sesso è come il congiuntivo, entrambi sono largamente sopravvalutati. E poi se vuoi organizzare un appuntamento con una donna, dovrai almeno portarla a cena, quindi trovare il posto, prenotare, quindi passarla a prendere e infine riaccompagnarla. Una fatica che non sono più disposto a fare, molto meglio restare a casa a leggere un giornale.

Io di mogli ne ho avute due. Avevo soltanto diciotto anni quando conobbi una ragazza di Bergamo, si chiamava Maria Luisa. Eravamo giovani e soprattutto eravamo innamorati. Va detto che non ci fermammo agli sguardi e a qualche emozione un po' timida, ci spingemmo fino all'amore, l'amore vero. E lei rimase incinta. Ero stato un vero cretino, colpa mia, ma era chiaro che a quel punto non potevo mollarla e tirarmi indietro. A quell'epoca ero impegnato con la leva militare, così un giorno chiesi una licenza ai miei superiori, tornai a casa e la sposai. Avevo un lavoro, per fortuna, e non guadagnavo neppure così male. Poi venne il giorno del parto, e Maria Luisa fu ricoverata in ospedale. Ricordo perfettamente l'infermiera che nel corridoio mi veniva incontro con questi due fagottini in braccio. Sembrava anche lei felice, aveva un'espressione radiosa. Appena fu a un passo da me, le chiesi: «Qual è il mio?». Lei non esitò, mantenne quel sorriso e rispose: «Entrambi. E tutt'e due sono femmine». Erano mie, le mie figlie, Laura e Saba, e mi parevano bellissime. Malgrado ciò, non riuscii a trattenere un'imprecazione, avvertii il destino che mi stava travolgendo, era inevitabile che le gambe mi tremassero e che rischiassi di perdere i sensi. Probabilmente accadde, perché ricordo che poco dopo mi diedero i sali per farmi riprendere conoscenza.

Il momento in cui la mia felicità si mescolava con la paura di dover far fronte a quelle responsabilità improvvise fu seguito in realtà da una tragedia vera. Improvvisamente, Maria Luisa fu colpita da complicanze dovute al parto. Nel giro di pochissimo morì e mi lasciò solo con le due gemelle. Credetemi, per me che da bambino drammi ne avevo affrontati, fu una catastrofe. Non avevo scelta, potevo solo affidare le piccole al brefotrofio in cui lavoravo. Laura e Saba per alcuni mesi furono accudite da medici e infermieri della struttura. Tutti furono dolcissimi, dedicarono alle bimbe tantissimo amore. All'interno c'era una clinica in cui era impiegata una maestrina, un giorno mi accorsi di lei, si vedeva che svolgeva sempre la sua attività con una concentrazione instancabile. Quella ragazza mi piaceva tantissimo, aveva gambe stupende e un comportamento cortese che mi sedusse subito. Presi a corteggiarla, si chiamava Enoe. Io naturalmente non ero in una situazione facile, ma lei mostrò di comprendere la mia condizione e la mia solitudine, e per comunicarmelo non le furono necessarie nemmeno troppe parole. Dopo poco le chiesi di sposarla, e so bene che la lasciai piuttosto perplessa. Non ero altro che un ragazzo di soli vent'anni o poco più, per giunta con due figlie a cui badare. Mi rendevo conto che una donna della sua giovane età potesse aspettarsi un destino un po' più comodo.

Di lì a qualche giorno mi disse un sì pieno di entusiasmo. Ero molto felice, ritrovavo l'amore, e confesso che finalmente vedevo anche una possibilità di salvezza. Enoe da allora ha lavorato sempre, malgrado i figli, è una donna a cui devo una gratitudine infinita, non sa cosa voglia dire lamentarsi. Per anni è stata impiegata a Mediaset, con il ruolo di responsabile in un settore di grande rilevanza. Le gemelle avevano un paio di anni quando arrivò Mattia. La sorte volle che dopo poco Enoe restasse incinta di nuovo. E questo mi mise di fronte a un'ulteriore prova difficilissima della mia vita. «Se nasce un altro figlio, dovrò smettere di lavorare e starmene a casa» mi disse un giorno. «C'è soltanto una strada per evitarlo,» aggiunse «mi toccherà abortire.» Restai di ghiaccio, tra l'altro a quel tempo l'aborto era una pratica illecita, per ottenerlo era necessario rivolgersi a una clinica svizzera. Non mi opposi, prenotai il letto in questa clinica, portai a termine ogni passaggio necessario per l'intervento.

L'indomani mattina era fissata la partenza per la Svizzera, la sera precedente le dissi: «Vieni vicino a me, ho bisogno di parlarti». Non gliel'avevo detto fino a quell'istante, ma a me la parola aborto metteva i brividi. Non volevo che toccasse a lei, non volevo che toccasse a noi. «L'idea di uccidere il bambino che porti in grembo» le rivelai «mi fa disperare.» Ciò che accadde quella sera non l'ho mai dimenticato. La casa era avvolta in un silenzio profondo, e vedo ancora noi due che nella penombra parliamo e ci scambiamo i nostri dubbi e i nostri dolori. Enoe mi ascolta, è concentratissima, poi a un tratto mi dice: «Non facciamolo, Vittorio, restiamo a casa e cancelliamo tutto».

È come se l'amore tra di noi avesse ricevuto un impulso, come fossimo a una svolta. Quello che avevamo stretto era un nuovo patto, una nuova promessa completamente nostra. Grazie ai tormenti di quella sera, dopo alcuni mesi nacque Fiorenza, la mia quarta figlia. Nell'istante in cui finalmente me la trovai stretta tra le braccia, avvertii la certezza che avevo preso la decisione giusta, e che non avevo sbagliato a comunicarla a mia moglie. Quello per una donna è il crocevia della sofferenza, e solo chi l'ha vissuto sulla propria pelle è in grado di comprenderlo davvero. Saprai per sempre che potevi essere madre, e che un gesto disperato te l'ha impedito. Resterai per l'intera esistenza su una specie di crinale, da una parte c'è la vita, dall'altra c'è la morte, e proprio lì nel mezzo c'è il destino di una creatura e di una madre che non smetterà mai di tormentarsi, che mai potrà cancellare il pensiero di quella vita che poteva essere e che non sarà mai più. È bello sapere oggi che non abbiamo rinunciato alla vita, ma abbiamo scelto di avere Fiorenza.

Con Enoe non ci siamo mai annoiati, mi piace restare solo con lei nella grande casa di Milano. Posso parlare di tutto. Con un uomo, le discussioni non vanno mai al di là del calcio e del lavoro. E questa miseria di argomenti, diciamolo, è così deprimente, così scialba.

VI

I Malavoglia

Il ritratto di pescatori siciliani svela un'Italia nascosta

Il patriarca e il dolore

Padron 'Ntoni è un classico vecchio burbero che si crede il re del mondo, in realtà è solo un uomo incatenato al passato. La sua forza sta nella fermezza con cui difende la «casa del nespolo», il simbolo della famiglia, ma proprio in questa sua ostinazione si nasconde la sua rovina. Padron 'Ntoni non vuole sentire ragioni, non vuole cambiare, non vuole ammettere che il mondo intorno a lui sta andando avanti. E sta andando avanti senza di lui.

È il protagonista del nostro romanzo, un uomo che ha vissuto la sua vita in mare, tra le reti e le tempeste, e pensa che la fatica e la tradizione siano tutto ciò che conta. Ma la realtà è che proprio la sua testardaggine lo porta a fare scelte sbagliate, per esempio indebitarsi per un carico di lupini che si rivelerà una trappola mortale. La sua è incapacità di adattarsi, di capire i tempi nuovi, un'ostinazione che trascina la famiglia verso il baratro.

Eppure non è solo un vecchio ottuso, in lui c'è anche un lato umano, affiora un amore profondo per la famiglia e un desiderio sincero di proteggerla, malgrado spesso questo amore si traduca in durezza, in una ruvida severità. La sua morte in ospedale è la rappresentazione della fine di un'epoca, ed è anzi ancora di più, la sua condizione di uomo solo e abbandonato è il simbolo della disfatta di un mondo che si è ormai dissolto, un mondo che non c'è più.

Bastianazzo è il figlio prediletto di Padron 'Ntoni, il ragazzo che avrebbe dovuto portare avanti la famiglia. È un giovane semplice, anche lui legato al mare e alle tradizioni, la sua vita viene però stroncata da un incidente assurdo, la sua barca si rovescia mentre trasporta il carico di lupini e Bastianazzo annega.

Questa morte è il primo colpo fatale per i Malavoglia, e con quella credo che Verga provi a raccontarci la fragilità di chi si illude di sfidare il destino. Bastianazzo non è un eroe, e non è nemmeno un ribelle, è solo un ragazzo che paga con la vita l'incapacità della famiglia di gestire il cambiamento.

Il ribelle e le femmine

Nelle stesse pagine a un tratto troviamo un altro 'Ntoni, ma questo è il nipote di Padron 'Ntoni, ed è forse il personaggio più complesso e tragico dell'intero romanzo. All'inizio il lettore può credere che si tratti della speranza della famiglia, il giovane proiettato nel futuro, che può riscattare i Malavoglia dalla miseria e dalla sfortuna. In realtà, appena 'Ntoni si confronta con il mondo fuori dal paese, non trova alcuna speranza, ma soltanto disillusione.

Lo spazio nel quale si perde è Napoli, la metropoli che non ha fine, la città grande e caotica. Questa nuova realtà gli spalanca gli occhi su un'esistenza diversa, che è fatta di libertà ma anche di tentazioni e pericoli. Così, piuttosto che tornare a casa con idee nuove e una rinnovata voglia di lavorare, si lascia andare invece al contrabbando, all'illegalità. Finisce anche per ferire un uomo, il brigadiere Don Michele, che corteggiava sua sorella.

Questa scelta scellerata di ribellarsi alle regole della famiglia e della società lo porta verso la prigione, e quando ne esce è un uomo spezzato, incapace di ritrovarsi e di ritrovare il suo posto. 'Ntoni è l'emblema della gioventù confusa, della generazione che vorrebbe rifiutare il legame indissolubile con la tradizione e che in realtà cade nel dubbio, non sa se restare o fuggire, si illude di poter cambiare il proprio destino, ma a ogni scelta finisce solo per peggiorarlo.

'Ntoni ha due sorelle, Mena e Lia, i personaggi che incarnano la condizione femminile in quel mondo dominato dagli uomini e dal passato. Mena è la ragazza buona, che sogna un matrimonio rispettabile con un giovane del paese, e sembra che possa anche riuscirci, ma poi tutto va a rotoli a causa delle disgrazie familiari.

Lia è la più fragile, e delle due anche la più sfortunata. È la ragazza corteggiata dal brigadiere Don Michele, ed è lei che perde la reputazione quando 'Ntoni ferisce l'uomo. A causa di questo episodio violento, si vede costretta a lasciare il paese, e il suo esilio obbligato è un viaggio verso l'inferno della prostituzione. La sua storia è una storia tragica, forse la più tragica dell'intero romanzo, poiché accende una luce sul modo in cui la società giudica, punisce soprattutto le donne, si accanisce su di loro anche quando sono soltanto vittime innocenti di una sorte che le sovrasta.

I Malavoglia sono tra noi

Se guardiamo all'Italia di oggi, dopo quasi centocinquant'anni dalla pubblicazione del libro di Verga, sembra di leggere purtroppo ancora la stessa storia. La sola differenza è che i protagonisti non sono più i Malavoglia, ma milioni di famiglie italiane.

Leggo alcuni dati pubblicati recentemente. In Italia ci sono oltre 2,2 milioni di famiglie, ossia più di 5,7 milioni di persone, che vivono in condizioni di povertà assoluta, cioè senza risorse sufficienti per condurre una vita dignitosa. La situazione è particolarmente grave nel Sud e nelle isole, vuol dire che si tratta di un problema antico, che tuttavia si fa ancora molta fatica a estirpare. Quel Sud e quelle isole che sono l'eredità fedele di ciò che fu la Sicilia di Verga, Sud e isole in cui oggi la povertà colpisce una famiglia su cinque.

Il mercato del lavoro, che oggi guadagna finalmente qualche progresso, dovrebbe essere la salvezza per chi è in difficoltà, ma quaggiù non fa miracoli. Leggo ancora che i salari reali sono in calo costante dal 2008, con un –8,7 per cento, e una precarietà che colpisce ovviamente i più deboli, soprattutto donne e giovani. Qualcuno aveva pensato che un buon reddito di cittadinanza avrebbe eliminato i guai. Si è scontrato con la realtà, questa terra ferita è rimasta ferita, e nessuna povertà è stata sconfitta. La disperazione sociale puoi combatterla soltanto agendo sul lavoro, creandolo, inventandolo, spingendo donne e uomini a viverlo come cultura quotidiana. Non c'è alternativa, è inutile illudersi ed è criminale illudere, la gente comune fa la grana soltanto se comincia dalle prime ore del mattino a farsi un mazzo così.

C'è un sopravvissuto tra i Malavoglia, ed è il più piccolo della famiglia, si chiama Alessi. È tra loro il più umile e pragmatico, è quello che non si illude, che non sogna grandi traguardi, il tipo del quale diremmo che ha la testa sulle spalle. Ed è lui che alla fine riesce a ricomprare la «casa del nespolo» e a tenere insieme i pezzi di una famiglia che può dirsi ormai lacerata.

Non è un eroe e non è un ribelle, è semplicemente un uomo che accetta la realtà per quella che è, un personaggio che si limita a fare quello che può. Il suo matrimonio con Nunziata, una ragazza dal contorno semplice ma decisa e forte, si rivela l'ultimo barlume di speranza per la famiglia Malavoglia.

Anche chi non l'ha ancora letta avrà capito che questa è una storia in cui i personaggi contano molto più dell'intreccio. E forse ancora di più conta la terra nella quale i personaggi conducono le proprie vite e le loro storie si dipanano. Questa è la Sicilia dei pescatori, e anche se a qualcuno non piacerà dirò ugualmente che è la stessa Sicilia in cui la mafia stava già piantando le sue radici. Tempo fa leggevo di alcuni politici locali, esponenti della Lega, che sono stati accusati di corruzione e di collusione con la criminalità organizzata; devo dire che la notizia non mi ha sorpreso, è la terra che fa gli uomini, è l'ambiente in cui vivi che condiziona il comportamento. Ci sarà un motivo se i bergamaschi, praticamente fin da quando nascono, pensano a lavorare per portare a casa gli *sghei*. È il mondo nel quale nascono che li forma in questo modo, e che li educa determinando certi obiettivi e certe scelte. Non si scappa, se in Sicilia la mafia domina da secoli, se continua a essere diffusa, e in alcuni ambienti e alcune zone anche piuttosto popolare, è perché in quella terra questa cultura ha radici antiche.

Non mi va di perdermi nella retorica della solidarietà a ogni costo, Cosa Nostra è un affare siciliano, e per me la Sicilia resta lontana, e per giunta quasi del tutto incomprensibile. L'ho visitata, l'ho trovata in molte zone anche decisamente bella, ma dico senza alcun problema di non averla capita. Anzi, più è bella, più si osservano le meraviglie della sua natura, della sua archeologia e del suo mare, e meno la si capisce. Vai in Sicilia, e vedi con i tuoi occhi che quella regione è una miniera d'oro, è un patrimonio dal quale inspiegabilmente i suoi abitanti non sanno ricavare un bel niente. Questo mi fa pensare che non sia soltanto io a non capirla, non la capiscono nemmeno i suoi residenti. Perché non è sfruttata come merita? Non trovo altra spiegazione: per pura imbecillità mi sembra l'ipotesi più probabile. Ha chilometri di coste splendide, ha paesaggi meravigliosi e una cultura storica che quando sei lì non puoi non respirare. Ma poi vai a guardare i dati sulla qualità della vita e ti accorgi che la gente è in bolletta e campa di espedienti, in alcuni casi espedienti a carattere criminale. Oppure riesce a sognare nient'altro che un impiego pubblico, che poi è quasi come commettere un crimine.

Una famiglia che non sa arrendersi

Nel giorno in cui la barca si rovescia e Bastianazzo annega, è come se un fulmine avesse colpito la famiglia. Ogni speranza svanisce, il debito dei lupini resta, e i Malavoglia si ritrovano disorientati, senza colui che sembrava diventato la loro guida. Questo è esattamente il momento in cui la tragedia si fa concreta, e la disperazione comincia a serpeggiare. Una volta che si vedono costretti a vendere la loro casa, i Malavoglia perdono ciò che per loro rappresenta non solo la dimora ma anche un simbolo, il luogo in cui c'è la loro storia, la loro memoria, le loro radici. Perdere quella casa è come perdere se stessi. La casa non era solo un edificio, era molto di più, era il rifugio del loro orgoglio. Ora che l'hanno venduta, sentono di aver venduto anche un pezzo della loro anima.

Li capisco, i Malavoglia. Un giorno di pochi anni fa anch'io ho venduto il mio appartamento di Bergamo, anzi di Ponteranica. Per mia fortuna, non ho dovuto farlo per bisogno immediato di denaro, ma solo perché ormai avevo deciso di trasferire definitivamente la mia vita a Milano. Mi piangeva il cuore, privarsene è stata una decisione difficile e poi un dispiacere grandissimo. Era sistemata proprio in mezzo alle colline, colline che amavo, quando per tanti anni ci sono tornato ogni venerdì sera era un po' come andare in vacanza, una specie di tuffo settimanale in una villeggiatura. Ma venderla era una scelta che dovevo fare per forza, soprattutto perché ormai mia moglie aveva una certa età e un paio di volte dei ladri maledetti ci avevano fatto visita, senza per fortuna rubare granché e provocare gravi danni. Ma quegli episodi avevano comunque generato un bel po' di paure e preoccupazioni. Io in settimana ero sempre a Milano, non aveva senso tenerla ancora. Una volta c'erano i miei figli, adesso che loro hanno una vita propria mia moglie e io saremmo stati soli. E a starcene lì avremmo rischiato di sembrare due pirla. Così ho deciso di acquistare una casetta in corso Buenos Aires, ha anche un giardino che è una sistemazione perfetta per i miei gatti. A Bergamo ho continuato comunque ad andarci la domenica, è la mia città, io sono originario della zona di Sant'Agostino, non avrei potuto farne a meno.

È giusto ammettere che Giorgio Gori ha amministrato Bergamo come si deve, la città è pulita, dà una bella sensazione di ordine, sembra una località della Svizzera, e anche meglio.

Ho sempre adorato andare a mangiare al Pianone. Ci

vado da secoli. Arrivo, parcheggio, dopodiché so che lì nessuno mi rompe le balle. A Ponteranica andavo invece alla trattoria Falconi, anzi io la chiamavo «Università Falconi», perché quello è da sempre un luogo di altissima elaborazione del pensiero. Trovavo regolarmente gruppetti di pensionati che amavano parlare di tutto, in particolare di politica, e io ogni volta ne ero incantato, li avrei ascoltati per ore.

Una delle ultime volte in cui sono stato lì, mi sono imbattuto in una piccola comitiva che giocava a carte, mi sono intromesso nelle loro discussioni e a un certo punto ho chiesto che cos'è lo *ius soli*. Non ridete, vi assicuro che nessuno lo sapeva. Ma il punto non è questo, il punto è nella capacità di sintesi che a un tratto sanno trovare. Si alza uno di loro, con l'aria di chi ne sa più degli altri, e in bergamasco stretto mi risponde: «Sono quelli che vengono qui a romperci le balle». Ci si può solo togliere il cappello, a modo suo aveva centrato il problema, più di quanto ci riescano mille discorsi. Se vuoi capire il paese, se vuoi veramente il polso di quello che la gente pensa, devi ascoltare persone così. Le chiacchiere vuote dei fighetti milanesi non contano niente, quelli rappresentano solo se stessi. In realtà un altro motivo per tornare da quelle parti ci sarebbe, è l'Atalanta. E ne avremmo da discutere, anche quest'anno la squadra è andata in Champions. Ma io alle coppe europee guardo con un certo distacco, sono per i confini italiani, sono per il campionato. Alla fine, mi sarò pure trasferito a Milano, ma dentro mi resta un animo paesano.

Quando si chiude un'epoca

Luca, il secondogenito di Bastianazzo, muore in una guerra lontana, sacrificato in un conflitto che per lui non ha alcun senso. La sua morte è l'ennesima ferita aperta, un altro colpo che la famiglia non riesce a sopportare. Anche Luca è un emblema, il suo personaggio si porta dietro una generazione che si perde in battaglie che nemmeno capisce.

Quando 'Ntoni viene arrestato a causa del ferimento di Don Michele, ogni speranza di riscatto si dissolve totalmente. Lo stesso destino di Lia è la conferma che la famiglia sta ormai cadendo a pezzi, è travolta da eventi che nessuna forza e nessun personaggio riescono più a controllare.

Muore anche il vecchio patriarca, quando si ritrova solo in ospedale, abbandonato da tutti. Un capitolo della storia si chiude, ed è un capitolo che contiene mille dolori. Con Padron 'Ntoni se ne va quell'energia antica, ormai estenuata e fuori tempo, che una volta teneva insieme i Malavoglia, ora la famiglia è dispersa, priva di una guida e di una direzione.

I Malavoglia sono il ritratto anche commovente di una famiglia che si sente invincibile, forte della sua storia, che viene invece travolta dal vento nuovo che soffia. Non è una storia di eroi, è il racconto di gente comune, delle sue convinzioni ostinate e delle sue debolezze, delle sue certezze e delle sue contraddizioni. La tragedia di Padron 'Ntoni e della sua discendenza è la tragedia di un mondo che cambia e che non risparmia nessuno, e che senza averne pietà schiaccia i Malavoglia.

Ma su ciascuna pagina del romanzo volteggia soprattutto il senso della morte. Alcuni personaggi muoiono davvero, fisicamente. Altri muoiono dentro, e a questi Verga assegna una pena forse ancora più terribile, lo sgretolamento delle loro speranze.

Non ho paura della morte, riesco a farci i conti con l'idea che la nostra esistenza abbia una fine. Ho molta più paura del modo in cui la morte arriva, ho paura di cosa sarà necessario subire per affrontarla. Da tempo ho detto alla mia amica più cara, Melania Rizzoli, che deve assolutamente starmi accanto, lei è medico e quando verrà il momento saprà aiutarmi a morire.

Rivendico il diritto di considerare anche la morte un atto di libertà, un elemento totalmente mio e dunque a mia disposizione. Nessuno può impedirmi di pensare e dire che la mia vita è soltanto mia. Lo ripeto, siamo padroni della nostra vita e dunque non vedo perché non dobbiamo esserlo anche della nostra morte. Per questo sono tra coloro favorevoli all'eutanasia. Prendere decisioni, anche estreme, non mi fa paura. Un giorno di tanti anni fa mia madre era nel letto di una clinica e stava morendo, aveva ormai più di novant'anni. Lo percepivo che soffriva, che la sua vita era diventata solo un barlume privo di qualsiasi senso. Una mattina ho perso la pazienza, ho preso per il bavero un giovane medico che era di turno, l'ho minacciato: «Falle subito un'iniezione di morfina, altrimenti ti ammazzo». Credo di averlo spaventato, dopo meno di un minuto era già pronto con la siringa.

Morire vuol dire anche non cambiare, vuol dire cullarsi nell'immobilità, credere che il mondo sia fermo e che noi possiamo eternamente restare ciò che siamo, o peggio ciò che eravamo. Padron 'Ntoni si aggrappa alla sua casa, ai suoi valori, agisce come se il tempo non scorresse, come se tutto fosse destinato a rimanere intatto per sempre. Chi invece possiede la forza per cambiare riesce a vivere più vite.

Nei mesi in cui diventai direttore del quotidiano che era stato «il Giornale» di Montanelli, passai piuttosto rapidamente da poco più di 110.000 copie vendute a poco più di 250.000. Inoltre, mi accorsi subito che avevamo introiti pubblicitari piuttosto scarsi rispetto al nostro potenziale. Così mi misi a lavorare anche su quel fronte, e in breve tempo raddoppiai i ricavi che provenivano dalla pubblicità. Tra le notizie che riuscivano ad appassionare Berlusconi c'erano sicuramente i numeri positivi dei bilanci delle sue aziende. Un giorno la segreteria mi passa una sua telefonata: «Direttore, c'è in linea il presidente che vuole parlarle». «Caro direttore,» mi dice «ho visto i risultati che ha raggiunto. Volevo farle i complimenti, ma ancora di più mi premeva comunicarle che ho già dato mandato ai miei professionisti di attribuire a lei la proprietà definitiva del 7 per cento dell'azienda che dirige.» Per capire bene la portata di tutto questo, devo chiarire che l'azienda non era soltanto la proprietà della testata, ma comprendeva un patrimonio di cui faceva parte anche un palazzo di sei piani. Appena mi ritrovai padrone di questo ben di Dio, feci fare una stima della mia quota sul valore dell'intero immobile. La cifra che mi comunicarono era imbarazzante per chi è semplicemente abituato a lavorare e a percepire una paga, era una quantità di quattrini da togliere il fiato. Cosa feci? Scelsi il cambiamento. Appena ebbi una buona offerta, misi tutto in vendita e incassai una quantità di liquidi che non avevo mai visto prima. Ripartivo, molto più ricco di prima. E c'era di più, mi preparavo a vivere una nuova vita.

VII

Il fu Mattia Pascal

Lo strano destino di chi prova a fuggire da se stesso

La grande farsa della politica

Chiunque legga questo romanzo è spinto a chiedersi: ma l'identità che indossiamo fin dal giorno in cui acquisiamo la nostra consapevolezza, e con la quale andiamo in giro, stringiamo amicizie e amori, litighiamo, facciamo carriera, non sarà per caso soltanto un optional?

Mattia Pascal è un uomo qualunque, un piccolo borghese, come si diceva un tempo, oppresso da un'esistenza che non gli appartiene, che decide allora di sparire fingendo la propria morte. Il problema è che la libertà che immaginava di conquistare è anch'essa solo un'illusione, poiché il mondo deve essersi organizzato in maniera da non lasciare scampo, vivere senza identità è quasi peggio che morire.

Quindi Mattia Pascal è il primo finto morto della nostra letteratura, un uomo che si libera della sua vita con il desiderio di ricominciare altrove. La trama non deve sorprenderci troppo, il nostro Parlamento è pieno di finti morti, e anche di morti che non sanno di esserlo, pieno di figure che quotidianamente provano a trasformare la propria identità. Cambiano partito, cambiano casacca, quasi cambiano pure il nome, ma restano sempre gli stessi, sempre noiosamente uguali a ciò che erano. La politica italiana è un teatro affollato dai fu e dagli ex, pieno di trasformazioni e di nuove vite, ex grillini, ex comunisti, ex socialisti, ex radicali, malgrado alla fine tutto resti immobile. Siamo prigionieri di un museo delle cere.

Assisto a questo spettacolo da tanti anni, ho imparato che buona parte della politica è nient'altro che una farsa, un gioco di maschere in cui si finge di essere ciò che non si è. Qualcuno ricorderà che pochi anni fa sono entrato in consiglio comunale a Milano con Fratelli d'Italia, era il 2021, e so che molti trovarono quella decisione sorprendente. Vinsi con oltre 2200 preferenze, poi dopo sette mesi lasciai per motivi di salute. Pensavo di divertirmi, mi sono ritrovato invece immerso in una burocrazia soffocante, in un mondo nel quale prevalgono e contano solo le chiacchiere e le poltrone. Le discussioni erano lunghe e vuote, le promesse tante, i risultati pochi. Credo di aver avuto il privilegio di poterne restar fuori perché un mio lavoro ce l'ho già, quindi chiacchiere e poltrone non mi appassionavano, non esercitavano su di me alcun potere. Del resto, già in quei giorni ripetevo spesso: «*L'è minga el me mestè*». Sono anch'io Mattia Pascal, nella mia vita ho anche cambiato identità politica, da giovane ero iscritto al Psi e dopo tanti anni mi sono ritrovato capolista di FdI. In realtà, non sono altro che un giornalista criticone, che prova a fregarsene di ogni governo e di ogni opposizione. Non mi sento un regolare di destra e ancora meno uno di sinistra, sono solo piuttosto spesso scoglionato dal teatrino che ho intorno.

Le prigioni dorate

Guardiamolo bene, Mattia Pascal. È intrappolato in una famiglia che lo soffoca, ha una moglie, una suocera, figli, ciascuno a suo modo rappresenta ruoli sociali e aspettative. La famiglia in certi casi può diventare una prigione dorata. D'altra parte, credo che nessuno viva senza prigioni. Ho conosciuto bene Craxi, l'ho conosciuto di persona. Era di sicuro un uomo intelligente, ma anch'egli prigioniero del suo stesso potere. Una volta mi disse: «Berlusconi è un uomo straordinario, uno che ha fatto molto bene praticamente tutto ciò che ha fatto. C'è un però, ho la sensazione che lui non sia capace di governare, lui ha bisogno di regnare». E torniamo ancora una volta a Mattia Pascal. Governare, regnare. È necessario comunque cambiare maschera se si vuole restare sempre al centro del gioco.

Mattia Pascal a un tratto sparisce, ma sparire non gli basta, scopre presto che vivere senza identità non è possibile. Credeva che quel nulla diventasse la garanzia per la sua tranquillità, si rivela invece una strana condizione nella quale assisti in diretta alla tua morte, e c'è di crudele che sei costretto a viverla.

Impariamo cioè da Pirandello che non si può fuggire da se stessi, che la libertà senza identità è solo una condanna. Mattia Pascal torna a Miragno, ma ormai è un «fu», un uomo che è morto due volte, e che dunque non trova più posto tra i suoi simili.

Il mondo prova spesso a escludere, a creare gli invisibili senza identità, lo fa ogni volta in cui si presenta una novità sgradita oppure così nuova da spaventare. Quando nel 1992 assunsi la direzione dell'«Indipendente», il panorama italiano era in continuo fermento. Si capiva che qualcosa di grosso stava accadendo, ma non potevamo ancora immaginare cosa. Di sicuro, la Prima Repubblica mostrava ormai tutte le sue crepe, sembrava un palazzone enorme con sopra il cartello «Pericolo di crollo». Era difficile capire se sarebbe bastato l'ennesimo restauro, oppure se c'era da rassegnarsi, e anzi togliersi dai paraggi per non restare seppelliti dalle macerie. A me pareva comunque evidente che la corruzione dilagasse e la fiducia nei partiti tradizionali fosse scesa ai minimi storici. Eravamo esattamente nel contesto in cui un movimento, che quasi tutti fino a poco prima consideravano una semplice curiosità folcloristica, cominciava in realtà a farsi largo, parlo della Lega Nord di Umberto Bossi. Ricordo bene quella fase, per me si risolse in una specie di rivelazione e tra l'altro mi accese dentro la spinta ad accettare una sfida. La Lega aveva a quell'epoca i suoi slogan spesso piuttosto grossolani, le sue bandiere verdi, i suoi richiami alla Padania. Soprattutto per questo, appariva agli occhi di molti come un fenomeno marginale, un piccolo carnevale politico destinato a spegnersi prestissimo. In realtà, se si aveva voglia di guardare più in profondità, era facile accorgersi che in quella rozzezza genuina affiorava qualcosa di diverso, forse addirittura il segno di quell'onda che stava per travolgere il sistema. Non c'è dubbio che fosse un movimento abile a captare prima e meglio degli altri gli umori di una parte importante del paese, il famoso Nord produttivo ormai stanco di essere considerato il bancomat d'Italia. Ed è strabiliante che di quella stanchezza nessuno si fosse accorto, e nessuno fino ad allora se ne fosse fatto testimone.

Tutto partì da quella che potrei definire un'intuizione giornalistica. All'inizio, quasi tutti i miei colleghi mi guardavano con scetticismo quando si accorsero che avevo cominciato a dare spazio alla Lega sulle pagine dell'«Indipendente». «Perché?» mi chiedevano. «È solo un partito di veline e di gente che parla di secessione. Roba buona al massimo per due chiacchiere al bar.» Ma io insistevo, avevo davvero la sensazione che la politica stesse definitivamente cambiando pelle e che la Lega fosse il sintomo più evidente di questo cambiamento.

Un giorno, durante una conferenza stampa fissata a Milano, Umberto Bossi si presentò con il suo caratteristico cappello da alpino e il bastone, parlava con un linguaggio diretto, aveva deciso di eliminare ogni fronzolo, voleva apparire esattamente com'era la gente delle valli che lo seguiva. Molti giornalisti si limitarono a ridere, era evidente che sottovalutassero quel personaggio decisamente bizzarro. Io alla conferenza decisi di mandare un inviato del giornale, volevo che seguissimo da vicino le mosse di quel movimento. Ci volle un po' di tempo, nemmeno troppo, e ci accorgemmo che la scelta si era rivelata vincente.

Si avvertiva in giro un malessere profondo, e la Lega Nord di quel malessere era lo specchio più fedele e più brutale. La sua forza non stava tanto nelle parole d'ordine, ma nel fatto che il movimento dava voce a una sofferenza che la gente sentiva come reale. Il Nord Italia, cioè il cuore pulsante della nostra economia, per la prima volta si accorgeva di essere tradito da Roma, si accorgeva di essere la parte sfruttata di uno Stato inefficiente, clientelare e parassitario. E la Lega aveva intuito tutto questo prima di ogni altro, e adesso si era messa alla testa di quel desiderio di cambiamento, di autonomia, di riconoscimento.

Ben presto, «L'Indipendente» diventò il giornale di riferimento per chi voleva comprendere più seriamente tale fenomeno. Non si trattava solo di fare cronaca politica, si trattava invece di raccontare storie di imprenditori, di operai, di cittadini comuni che all'improvviso si riconoscevano in quel movimento. E noi raccontavamo le piazze piene, i comizi sempre più accesi, le manifestazioni colorate di verde. Ma non bastava, molti critici continuavano a sorprendersi per le mie scelte e a deridere la Lega, la consideravano nient'altro che un gruppo di provinciali con idee confuse e slogan volgari e semplicistici. La realtà era diversa, dietro quel folclore c'era già una struttura organizzativa solida, c'era una strategia politica chiara e soprattutto una capacità di comunicazione innovativa, un'immediatezza, una maniera di porsi che nell'universo politico italiano nessuno aveva mai adottato prima.

Arrivarono le elezioni regionali, e la Lega ottenne risultati sbalorditivi, conquistò consensi in territori nei quali tutti si aspettavano la solita sequela, il solito dominio dei partiti storici. La presenza dirompente della Lega era la prova che il movimento stava trasformandosi in un vero e proprio partito politico, e che presto sarebbe stata capace di influenzare la vita della nazione intera.

Nel mio ruolo di direttore di un quotidiano che giorno dopo giorno cresceva, diventava più forte e autorevole, sentivo tutta la responsabilità di raccontare questa novità politica senza lasciarmi condizionare dai pregiudizi che tutti gli altri giornali continuavano a nutrire. Non sempre fu facile, la Lega era un movimento controverso, spesso al centro di polemiche e di accuse, di gaffe e di eccessi. Ma noi proseguimmo sulla strada che avevamo intrapreso, davamo voce alle ragioni del neonato popolo della Padania, e senza nasconderne le contraddizioni. Diventammo per questo l'osservatorio più accurato di quella stagione politica. Con le nostre inchieste, i nostri pezzi di cronaca, le nostre interviste, fummo preziosi affinché il grande pubblico potesse comprendere la portata autentica di quel fenomeno.

Se oggi ridiamo un'occhiata a quella stagione, ci mettiamo un attimo a stabilire che la Lega di Umberto Bossi abbia rappresentato una svolta epocale, che sia stato un movimento in grado di segnare la storia italiana. Non solo mise in crisi i partiti tradizionali, ma seppe rendere protagonista un'Italia che fino a quel tempo si era sentita dimenticata e inascoltata, anch'essa in qualche modo chiusa in una prigione dorata. In toni spesso ruvidi, Umberto Bossi ha imposto all'agenda del paese temi come l'autonomia regionale, come la critica allo Stato centralista e come la valorizzazione delle identità locali. Un movimento nato tra lo scetticismo e il sarcasmo di chi ne era testimone modificava per sempre forma e contenuti della politica italiana.

La necessità dell'apparire

Mattia Pascal è un personaggio che in fondo mi sta simpatico, soprattutto perché ha l'aria di chi non si prende troppo sul serio. In particolare negli ultimi anni, molti mi identificano con colui che ha pronunciato e scritto frasi forti su migranti, gay, meridionali o ciclisti. Confesso che questa indignazione mi fa ridere molto, non è altro che il riflesso di un'Italia che ama scandalizzarsi, ma che poi non cambia mai davvero. C'è stata un'intervista nel corso della quale ho dichiarato: «I meridionali sono pigri». Si è subito scatenato il solito putiferio, io invece trovavo quella frase il modo migliore per scuotere un paese ancora abituato a prendersi troppo sul serio e a nascondere i propri problemi autentici sotto il tappeto.

Questo pianeta non morirà per la collisione con un meteorite, morirà per l'oppressione del politicamente corretto, e dunque morirà di noia. Molte delle mie posizioni più provocatorie hanno acceso a mio carico richieste di dimissioni, richieste di sanzioni, ho letto polemiche di individui con le vene gonfie che avrebbero voluto eliminarmi dalla faccia della Terra. Attaccavano le mie frasi eccessive e inaccettabili, eppure non mi sembravano fulgidi esempi di moderazione. Non mi piace che l'Italia diventi definitivamente un paese nel quale si può dire la verità solo a metà, nel quale la libertà di parola si è trasformata in un bel ricordo. Rivendico il diritto di avere pensieri e di esprimerli, di cambiare idea se mi va, e in ogni caso di dire tutto quello che voglio. E me ne strafotto di chiunque creda, o abbia creduto, di potermi sottrarre quel diritto, sappia che me lo prendo comunque, e che di lui e di come appaio ai suoi occhi sinceramente me ne frego.

Capisco che apparire sia uno scopo fondamentale della nostra epoca, in fondo è il senso vero della democrazia. Andremo a votare persone che ci hanno convinti per come appaiono, per come sanno apparire, non per come sono veramente, quello non potremo saperlo mai. Molte volte, le stesse leggi che un Parlamento approva sono più che altro il frutto di un'esigenza estetica, un provvedimento che deve sembrare giusto e tempestivo per indurre nei cittadini la sensazione che si stia lavorando e che si stiano risolvendo vecchi problemi. Ma è solo cosmetica, o poco più, norme che coprono il problema, ma che non sono in grado di affrontarlo davvero.

Fin da quando fu emanata, ho sempre pensato che la riforma Cartabia fosse un'enorme occasione mancata, più che una legge sembrava un riassunto dell'ipocrisia della politica italiana. Molti ricorderanno che fu approvata con grande clamore e presentata come una svolta epocale, in realtà pesa quanto una piuma, non ha cambiato nulla nei meccanismi malati della nostra giustizia. Eppure ottenne un consenso trasversale in Parlamento, ma si tratta di una riforma timida, molto parziale, e quel che è peggio nasconde dietro un'apparente innovazione una sostanziale continuità con un sistema giudiziario che resta lento e inefficiente. La riforma Cartabia non ha fatto altro che sistemare un'ulteriore comoda maschera sul nostro potere giudiziario autoreferenziale e politicizzato.

Ci sarebbe un primo fondamentale elemento da sottolineare, e mi riferisco al contesto in cui la riforma vide la luce. Nel corso di quella parentesi politica, tutti i partiti – che fossero di destra, di centro o di sinistra – si sono piegati a qualsiasi volontà di Mario Draghi, ciascuno con la convinzione un po' campata in aria che la sua caduta avrebbe provocato il caos politico, sociale ed economico. Senza Draghi, sarebbe esploso il Vesuvio e si sarebbe sciolto il Monte Bianco, non avremmo avuto scampo. Gli unici che scelsero di non salire sulla giostra furono i Fratelli d'Italia.

Così, la riforma Cartabia diventò più uno strumento che avrebbe garantito la stabilità del governo che non una vera riforma strutturale della giustizia, di cui tanto avevamo bisogno. Non è un caso che molte delle misure più importanti e più urgenti siano state temperate o addirittura depotenziate, tutto avvenne in nome del compromesso, in maniera da non urtare gli interessi delle varie correnti politiche e della stessa magistratura.

Tutti noi abbiamo fatto i conti con i tempi della giustizia, siamo da decenni costretti ad accettare come fosse normale che un procedimento civile duri dieci o più anni. È uno dei giganteschi problemi storici della nostra democrazia, un meccanismo diabolico che mina ogni certezza del diritto e naturalmente la fiducia dei cittadini.

Quindi, questa benedetta riforma avrebbe dovuto affrontare il nodo con decisione, possibilmente provando a scioglierlo. Nella realtà, si limita invece ad apportare interventi parziali e insufficienti. Prendiamo la prescrizione, uno dei profili della norma che modificano le leggi precedenti con un'inspiegabile fragilità, di fatto senza nemmeno provare a eliminare la possibilità che i processi si trascinino per anni, e che in tal modo causino danni irreparabili sia agli imputati sia alle vittime. Non ci vuole molto a capire che la giustizia lenta è un macigno sull'intera società italiana, e non ci vuole molto a capire che la riforma non ha attivato alcuna arma per combatterla.

L'altro grandissimo punto dolente riguarda i poteri dei pubblici ministeri, che da noi in Italia godono di un'autonomia quasi totale, hanno le mani libere per sentirsi impuniti e poter commettere anche delle porcherie, e infatti capita che si comportino come parti politiche inquirenti più che come garanti dell'imparzialità. Questa ingiustificata libertà non è stata limitata dalla riforma, che anzi ha lasciato intatto un sistema in cui i pubblici ministeri possono ancora condurre indagini infinite, possono richiedere misure cautelari con facilità assoluta e possono impugnare sentenze di assoluzione, continuando perciò a creare un clima di incertezza e di pressione che danneggia ogni principio di presunzione di innocenza.

C'è poi un'evidente promessa tradita, riguarda la separazione delle carriere tra giudici e pubblici ministeri, una soluzione che è stata a lungo invocata come riforma urgentissima e indispensabile per garantire un vero equilibrio e una vera imparzialità del sistema giudiziario. Qualcuno conserva l'onestà per ricordare che lo stesso Giovanni Falcone ne aveva parlato in più di un'occasione, ed è altrettanto vero che spesso questa sua posizione viene interpretata in modo strumentale, pur di smontare la necessità della separazione. La riforma Cartabia ha preferito evitare di spingersi fino in fondo, e ha lasciato aperti i rischi di una contaminazione tra le due carriere e di un sistema giudiziario che tuttora si autoalimenta e si protegge.

Presentata ufficialmente nel giugno 2024 con un disegno di legge costituzionale, per fortuna abbiamo oggi su questo tema la proposta Meloni-Nordio, che ha la forza per rappresentare un passo avanti decisivo, visto che mira a dividere nettamente i percorsi professionali dei magistrati giudicanti e dei magistrati requirenti, cioè i pubblici ministeri.

Al di là dell'opportunità di adottare questa soluzione, sarà comunque un buon risultato liberarsi della legge Cartabia, fatta per sembrare, non per fare.

Eliminare per sempre il proprio bisogno di apparire è invece esattamente l'obiettivo di Mattia Pascal, il quale appena si ritrova con un bel po' di denaro tra le mani pensa di realizzare la sua fuga dal mondo. Cancello la mia identità, si illude, e riconquisto la mia libertà. La sua vita successiva è un incubo ancora peggiore, scappare da se stessi rompe soltanto il nostro patto sociale. Pirandello ci avverte: se fuggite, dopo vi ritroverete comunque con nuove catene strette ai polsi. Siamo inesorabilmente parte del branco, e allora tanto vale tenerci il cognome che papà e mamma ci hanno dato.

VIII

Il piacere

Il corpo e la passione entrano nella nostra letteratura

Una certa somiglianza con il potere

Più che di fronte a un romanzo, qui ci sentiamo al cospetto di una vera e propria lezione. *Il piacere* di d'Annunzio è innanzitutto il piacere di raccontare, poiché è un viaggio continuo tra la letteratura, la politica e la vita vissuta del Vate. Dicevo che possiamo definirlo una lezione sulle forme più raffinate e decadenti del piacere, e sull'informazione più profonda che alla fine il testo contiene, e cioè che saper somministrare il piacere vuol dire detenere il potere.

Il protagonista si chiama Andrea Sperelli, è un individuo che appartiene alla categoria di coloro che un tempo si definivano «esteti», che cioè riservano la propria esistenza alla ricerca del bello e della conquista amorosa. Uno stile di vita e una filosofia piuttosto simili a quelli di molti protagonisti della politica italiana, soprattutto uomini e qualche donna che ho visto e raccontato per decenni.

Non dimentico quel che mi disse un politico romano, un tipo con una parlantina assai sciolta e un sorriso da venditore di pentole, che candidamente un giorno mi confessò: «Il potere è come una donna bellissima, devi saperla corteggiare, capire i suoi desideri, ma soprattutto non devi mostrarle mai la tua vera faccia». A me sembrava un discorso scritto da d'Annunzio. Ma era soltanto una descrizione dell'universo politico italiano, a cui si era sottratta un po' di poesia e si era aggiunto un pizzico di cinismo.

Nel mio lavoro di giornalista, confesso di aver sempre cercato di incarnare quel piacere tipicamente dannunziano di sapersi godere intensamente ogni parola, ogni articolo, ogni polemica. Scrivere è un piacere, ma è anche un'arma. E come ogni arma, va maneggiata con cura, e anche con molta audacia. Esiste un piacere di scrivere, un piacere di provocare, un piacere di disturbare, un piacere di vincere.

Alcuni anni fa partecipavo a una diretta televisiva nella quale era ospite un politico locale, un tipo che cercava di sedurre il pubblico con frasi che trovavo sempre troppo studiate. Così lo incalzavo con domande che per lui diventavano via via più scomode, e quando capì che non avrebbe potuto vincere quella piccola battaglia di parole, cambiò tono e appena fummo fuori onda mi disse: «Sai, Vittorio, la politica è un piacere amaro». Sorrisi e gli risposi che il piacere amaro non è piacere, ma tristezza mascherata.

La politica italiana è un romanzo decadente, i suoi personaggi sembrano usciti da un'opera teatrale di Pirandello. Il piacere del potere, la vanità, i tradimenti continui, tutto questo è il pane quotidiano del Palazzo. Da direttore, ho affrontato più volte pressioni di potentati che volevano piegare, condizionare, la linea editoriale del giornale. In certe occasioni, la tentazione di cedere si è anche fatta forte, ma alla fine il piacere più grande era resistere, mantenere a ogni costo la dignità professionale, anche se ciò avrebbe comportato l'inimicizia di qualcuno molto in alto, qualcuno che contava davvero. E che, chissà, prima o poi avrebbe pure provato a farmela pagare.

In una circostanza scrissi articoli durissimi contro un potente gruppo industriale che continuamente cercava di influenzare la politica. In redazione lavorammo senza sosta e smascherammo intrecci e pratiche losche di favoritismi. Puntualissimi, arrivarono i tentativi di fare pressione: minacce, boicottaggi, anche telefonate notturne. Vi confesso che il piacere di quella sfida si rivelò dolcissimo, non potevano più fermarmi, ormai ero Andrea Sperelli che vive quel godimento fino in fondo, senza compromessi. Rompere le uova nel paniere sa essere a volte così gratificante.

Il talento dell'attore

Quando ti occupi di politica, ti accorgi in fretta che gli insegnamenti che puoi trarne non finiranno mai. Quel mondo è un corso ininterrotto di sfacciataggine, realismo, disincanto, propensione all'inganno, destrezza nel mentire. Tanti anni fa, durante un pranzo con il ministro di un governo parecchio instabile, mi venne offerta una lezione su cosa sia il vero piacere politico. «È sapere» mi disse il ministro «che puoi far cadere un governo con una telefonata, malgrado tutti pensino che si sia trattato di una crisi inevitabile.» Fu quello il giorno in cui capii quanto la politica italiana sia un gioco di ombre, di sussurri, di tradimenti nascosti dietro sorrisi di circostanza. Un gioco ricco di estetica, che d'Annunzio avrebbe amato.

Ho visto leader trasformarsi in attori capaci di incantare le folle, usare frasi fatte e promesse totalmente vuote. A un ex presidente del Consiglio che stavo intervistando, noto per una parlantina sciolta e accattivante, chiesi: «Lei parla come un poeta, ma la poesia mette il pane sulla tavola?». L'amore per la retorica continua da sempre a essere la benzina che alimenta la politica italiana, il più delle volte a discapito della sostanza. Abbiamo radici troppo umanistiche, è il nostro destino e dobbiamo tenercelo.

Prima di diventare un direttore di giornali, ho fatto mille mestieri, ho consegnato il latte, ho lavorato da commesso e poi anche da vetrinista. Una volta che sono arrivato al «Corriere della Sera», ho imparato il mestiere da maestri come Nino Nutrizio, un tipo geniale e anche un po' matto. Avevo lavorato con lui anche alla «Notte» e il giorno in cui andai via lui mi insultò come si fa con un traditore. Qualche anno dopo, Indro Montanelli fondò «il Giornale», e io fui chiamato a sostituire alcuni giornalisti al «Corriere d'Informazione». Fu così che iniziò la mia lunga avventura.

Il destino ha voluto che durante la mia carriera trascorressi più anni nel ruolo di direttore che in qualsiasi altro incarico. Ed è piuttosto strano, poiché non ho mai amato comandare, e mi dà anche piuttosto fastidio avere rapporti con le persone. Se c'è qualcosa in me che non è mai cambiato, è il disprezzo che nutro per i narcisisti, e per evitare di diventarlo a mia volta ho sempre badato a non coltivare un'opinione troppo elevata di me stesso. Oggi ho la sensazione che tutto ciò mi abbia permesso di sopravvivere in luoghi spietati come le redazioni e i corridoi della politica.

In questi ultimi anni ho pensato spesso che i giornali non possano ormai fare altro che inseguire il piacere di sopravvivere. Il giornalismo della carta stampata, il giornalismo che solo pochi decenni fa esercitava tutta la sua autorevolezza su milioni di lettori, è in agonia. Il Report 2025 dell'Osservatorio sul giornalismo digitale dipinge un quadro deprimente, l'ennesimo calo vertiginoso dei ricavi pubblicitari, i lettori che scappano, la fiducia verso i media tradizionali che è ridotta ai minimi storici. La stampa italiana è un Andrea Sperelli vecchio e stanco, che non sa più sedurre nessuno.

Questa crisi che dura da più di vent'anni non è solo economica, è soprattutto culturale. L'informazione si è frammentata in mille rivoli digitali, spesso prodotti a bassissimo costo, con risultati superficiali e senza alcun filtro di qualità. Si trattava forse di un esito fatale, almeno da quando i social media hanno trasformato la notizia in un prodotto usa e getta, e da allora i giornalisti si trovano a lottare contro un sistema che premia la velocità e la spettacolarizzazione, non più l'accuratezza e la verità. È anche per questo che oggi più che mai occorre coraggio, occorre resistere alla tentazione di inseguire l'ultima moda, e continuare a cercare il piacere di un racconto senza compromessi.

Le aziende editoriali vendono dunque poche copie, incassano pochi soldi e perciò non hanno più alcuno spazio per investire, e soprattutto non ne hanno per assumere giornalisti di un certo valore, di conseguenza non è possibile realizzare un prodotto di alta qualità. E questa è una terribile fregatura. Una volta, appena venivi a sapere di un episodio di cronaca nera, dovevi solo scegliere l'inviato più adatto da mandare sul posto, lui arrivava lì e ti raccontava la storia, ricostruiva le testimonianze, suggeriva il titolo che poi avremmo fatto in redazione. Adesso tutto questo non accade più, non ci sono i soldi e quindi nessuno manda più inviati.

Un mondo estinto

Pensate quanti protagonisti del giornalismo italiano ho incrociato nel corso della mia carriera. Potrei fare i nomi di Indro Montanelli, di Enzo Biagi, di Eugenio Scalfari, di Giorgio Bocca. Al di là del rispetto, con Montanelli ci divertivamo a scambiarci anche qualche battuta. Durante uno dei nostri pranzi, gli dissi che la sua penna era più affilata delle mie scarpe. Rise di gusto e mi rispose che io almeno avevo il coraggio di metterle in mostra.

Con Biagi ho avuto un rapporto più complicato. Intendiamoci, era un gigante dell'informazione, ma anche un uomo veramente troppo allergico a ogni forma di compromesso. Accadde che in un'occasione, entrambi eravamo invitati a un dibattito televisivo, ci scambiammo frecciate, alcune davvero crudeli. Ma sia lui sia io sapevamo perfettamente che stavamo soltanto godendoci il piacere della sfida intellettuale, nella perfidia che ci scambiavamo non c'era nessuna ombra di odio.

Quei giornalisti e quel giornalismo non ci sono più, oggi questo mondo è costretto a reinventarsi, e gli converrà farlo in fretta. L'Intelligenza Artificiale sta già cambiando il modo di fare informazione, dubito che possa sostituire il piacere umano di raccontare, di indagare, di provocare. Ma esiste comunque il rischio che, se non si trova alla svelta un nuovo equilibrio, nuove vie d'uscita per potersela cavare, il giornalismo diventi soltanto un prodotto digitale, un giocattolo privo di qualsiasi anima, e quindi semplicemente uno strumento di propaganda o al massimo di intrattenimento.

Io appartengo a quella minoranza che legge ancora i giornali tutti i giorni, ma oggi è diventato complicatissimo pubblicare un quotidiano, per un motivo molto semplice: è nata da un po' l'idea che l'informazione sia gratuita e debba essere gratuita. Per questo non incontriamo più per strada quel signore con il quotidiano infilato nella tasca della giacca. E poi c'è il problema delle rivendite, ormai le edicole chiudono una dopo l'altra. Se pure volessi acquistare un giornale, dove vado a prenderlo?

Il periodo della mia carriera in cui mi sono divertito di più è stato forse quello trascorso all'«Indipendente», perché in quei giorni crollava tutto. E io ero a mio agio. Sono stati belli anche i tempi al «Giornale». Ne ho un buon ricordo, ma del resto quando ottieni grandi risultati con le vendite, te ne senti orgoglioso, la gratificazione la avverti tutta. Ho avuto anche esperienze meno divertenti e meno memorabili, penso per esempio all'«Europeo»: ero direttore e una volta i miei giornalisti sono stati in sciopero per due mesi. Due mesi di fila, vi rendete conto? Solo tutti i comunisti che riempivano quella redazione potevano arrivare a tanto.

Tra piacere e vizio

Andrea Sperelli è un giovane aristocratico romano, bello, raffinato e viziato fino al midollo. Vive nell'ozio più sfrenato, sempre a caccia di piaceri, di arte, di emozioni forti, se ne frega delle conseguenze, anzi se ne frega di tutto. Ha alle spalle una storia complicata con Elena Muti, una donna bellissima ma fredda e calcolatrice, che lo scarica senza un briciolo di rimorso quando ha l'occasione di sposare un lord inglese più ricco. Una batosta che dovrebbe svegliare Andrea, lui invece sprofonda ancora di più in feste sfrenate, amori da quattro soldi e duelli ridicoli, come se il dolore che avverte dentro potesse anestetizzarlo con l'alcol e la mondanità.

Resta comunque un giovane signore dall'eleganza raffinata e curatissima, lo stile che d'Annunzio gli attribuisce è il riflesso dell'appartenenza a una classe aristocratica ormai in declino. Il suo abbigliamento è sempre scelto con estrema attenzione e ricercatezza, con abiti di lana pregiata e biancheria di seta, tessuti preziosi e colori abbinati con sobrietà. Indossa spesso vestiti neri impeccabili, con gardenie all'occhiello, usa fazzoletti di batista profumati e astucci d'oro per le sigarette, altri elementi che denotano un gusto molto sofisticato, quasi un feticismo per il bel vestire.

La sua camera da letto è descritta come un ambiente altrettanto elegante e confortevole, in cui la cura della persona si manifesta anche nella disposizione ordinata di guanti, sigarette, essenze e fiori freschi, che aggiungono un'atmosfera sensuale e raffinata. Il suo stile è quello di un dandy moderno, nel quale si fondono la tradizione aristocratica e una forte sensibilità per il dettaglio e il lusso, ed è del resto in piena armonia con la figura di esteta che a d'Annunzio piace rappresentare.

Per sua fortuna, Andrea non vive nel mondo di imbecilli nel quale ci ritroviamo oggi. Nello scorso maggio, in uno dei templi della mondanità, mi riferisco al Festival del cinema di Cannes, è stato dato un ridicolo avvertimento ad attori, attrici, registi e registe. Venite tutti con un abbigliamento più sobrio. Spiegatemi intanto cosa vuol dire «sobrio» per la passerella di un festival, che di solito è il trionfo dell'eleganza, compresa quella più provocatoria. E per favore fatemi anche sapere chi è mai questo cervellone che si è sentito offeso nelle scorse edizioni per l'abbigliamento poco sobrio di qualcuna o di qualcuno. Io a questo punto avrei bloccato il concorso, mi sarei limitato ad assegnare una Palma d'Oro all'esistenza triste di questo idiota.

Sia chiaro, una certa forma di intransigenza la vivo anch'io, ma non mi agito certo per imporla agli altri. A me l'eleganza sta a cuore, infatti curo i dettagli del mio stile e del modo in cui mi presento in giro, ma devo dire che sto attento all'aspetto anche se mi trovo in casa mia, tra i familiari. Questa forma di sensibilità mi fa valutare anche la cura che altri dedicano a se stessi, il modo in cui le persone vestono, camminano, si muovono, gesticolano. Tanto tempo fa, indossare una giacca e una cravatta eleganti, magari di taglio sartoriale, ben stirate e profumate, si considerava comportamento rispettoso verso gli altri e anche verso se stessi. Quel tempo si è chiuso, oggi è di moda la sciatteria, e una certa volgarità esibita. Confesso che detesto i jeans strappati, e proprio non capisco tutti quelli che si affannano per ottenere un aspetto da disperato, come avessero appena subito l'aggressione di un branco di lupi. Ma poi mi basta riflettere un attimo per arrivare alla conclusione che ciascuno ha il diritto di essere cretino come pare a lui.

Non mi piacciono accessori come lo zaino, che vedo sempre più spesso sulle spalle di uomini, non mi piacciono le scarpe da ginnastica, e nemmeno i tacchi altissimi, le gonne che quasi non si vedono e le scollature vertiginose. Ma mai mi sognerei di imporre ad altri regole su come ci si veste. L'eleganza non può essere fissata con una legge, né sanzionata quando è assente. Ognuno si esprima come vuole, e la mattina si infili quello che desidera. Per questo trovo assurda l'indicazione data al Festival di Cannes. È un appuntamento d'arte, e certe libertà andrebbero salvaguardate e non soffocate. Qualcuno ha avvertito gli organizzatori che l'arte è emancipazione, redenzione e riscatto da tutto ciò che prova a sopprimere ciò che siamo?

Ho solo il timore che si sia di fatto vietata la pelle scoperta, sarebbe una grave forma di regressione culturale ed etica, un salto nel Medioevo. L'indecenza non è nello spacco di una gonna, ma nella pretesa di proibirlo. Non vorrei che stessimo diventando sensibili anche dalle nostre parti alle indicazioni della polizia morale di qualche paese a guida islamica. Il passo che divide la censura sugli abiti dalla punizione inflitta alle donne che non la rispettano è più corto di quanto crediamo. Non so voi, io l'obbligo del velo che vige nelle culture dell'Islam non lo invidio per niente.

Lo ripeto, adoro l'eleganza ma non la scambierei con la libertà che qui in Occidente ci siamo conquistati. Libertà anche di essere vestiti male, di essere vestiti poco, e perfino in modo pacchiano. Chi redige un regolamento che impone la sobrietà probabilmente pensa che una donna sia una poco di buono se va in giro troppo nuda. Mi sorprende e mi indigna che le star invitate a Cannes non abbiano disertato il festival.

Maria, la redenzione

C'è a un tratto una sola verità nel mondo interiore di Andrea: non riesce in nessun modo a togliersi Elena dalla testa. Lei è la sua ossessione malata, è diventata un tarlo che lo divora. La sua vita sentimentale si è trasformata in un disastro totale, da un lato ha il ricordo di quella donna spregevole, dall'altro frequenta donne usa e getta con cui non ha voglia di costruire nulla di serio. Quasi per caso, durante i giorni che trascorre al mare per una convalescenza, incontra Maria Ferres, una donna pura e gentile, il suo esatto opposto. Ed è Maria che gli mette addosso la voglia di cambiare, di mollare la sua triste vita da sciacallo e cercarsi un amore vero.

Non è un compito semplice, Andrea è troppo preso dai suoi vizi, dai ricordi e dalle sue debolezze. Il conflitto tra il piacere senza freni e l'amore idealizzato lo incastra in una solitudine amara e insoddisfatta. Alla fine, nonostante i tentativi, resta solo, con la testa piena di sogni che non si realizzeranno mai e il cuore vuoto. È la perfetta immagine della decadenza morale e culturale della Roma di fine Ottocento, Andrea Sperelli è un uomo bello fuori, ma totalmente marcio dentro.

Da un paio d'anni a questa parte, ogni volta che penso a Roma mi torna in mente quel meraviglioso film documentario realizzato da Roberto D'Agostino e Marco Giusti: *Roma, santa e dannata*. L'ho trovato un capolavoro, costruito con immagini meravigliose e raccontato con serietà e tantissimo amore. È un film nel quale appaio anch'io, ma non è questo il motivo del mio giudizio entusiasta. Mi si vede partecipare a un funerale, e sono felicissimo di non essere nella parte del defunto.

Andrea invece è il ritratto puro di un'intera epoca: attraente, colto, eppure debole e incapace di trovarsi un equilibrio. La sua storia è fatta di passioni, di errori e rimpianti, d'Annunzio la racconta senza nemmeno usare troppe parole, e adoro questa sobrietà, mi piace che si serva di uno stile schietto e diretto. Stavolta non gli occorrono i fronzoli, c'è solo da disegnare la realtà di Andrea e del mondo che rappresenta, una realtà nuda e cruda.

IX

La coscienza di Zeno

L'introspezione e l'inconscio si fanno strada nel nostro mondo psichico

La rivelazione dell'uomo moderno

Prima di provare a capire Zeno Cosini, prima di addentrarci nella sua storia, vale la pena analizzare colui che questo personaggio lo ha inventato, colui che ha scritto un romanzo apparentemente semplice, eppure capace di rivelarsi un capolavoro della letteratura italiana e mondiale.

Il vero nome di Italo Svevo era Aron Hector Schmitz, un triestino nato nel 1861 in una famiglia di origini ebraiche tedesche. Trieste all'epoca è di quelle città in cui si incrociano culture anche distanti, si intrecciano lingue, si incontrano popoli. È un porto dell'Impero austro-ungarico che si affaccia sul mare Adriatico, possiamo perciò immaginarlo un luogo di contaminazioni intense. Lo stesso Svevo è un uomo diviso, un po' italiano, un po' mitteleuropeo, un po' borghese, un po' outsider. Gli tocca una carriera letteraria tutt'altro che lineare, in realtà è impiegato in una fabbrica di vernici, e prima ancora imprenditore fallito, quindi scrittore ignorato per anni. Sarà scoperto e valorizzato solo grazie all'amicizia con James Joyce, l'autore irlandese già celebre che lo incoraggerà a pubblicare *La coscienza di Zeno*. Il romanzo esce nel 1923, e in quella fase l'Italia sta ancora vivendo il trauma della Grande Guerra, scopre la crudeltà della crisi economica, poi s'imbatte nell'ascesa del fascismo.

Ma Svevo non scrive un romanzo politico, e nemmeno un manifesto ideologico. Butta giù un romanzo psicologico, un'autopsia dell'anima, un'indagine profonda e ironica sul fallimento personale e collettivo. La sua forza è davvero la semplicità. Zeno Cosini è l'uomo qualsiasi, un ultracinquantenne triestino che decide di scrivere le sue memorie su consiglio del dottor S., lo psicanalista a cui si rivolge. Zeno non vuol far altro che raccontare la propria vita, le nevrosi, le ossessioni, per guarire dalla malattia che lo affligge. Il fumo. Ma il fumo è solo un elemento di confusione, un disagio che ne nasconde altri più autentici. Zeno è un uomo che non sa vivere, che non sa amare, che non sa decidere. È un procrastinatore patologico, un maestro dell'autoinganno.

E allora i capitoli del romanzo si succedono come fossero una serie di confessioni, Zeno racconta la sua infanzia difficile con un padre severo, il rapporto complicato con la madre, il matrimonio con Augusta, la relazione con Carla, e naturalmente l'incapacità di smettere con le sigarette. Ogni capitolo è il ritratto di un uomo che si perde nei dettagli, che si giustifica sempre, che cerca di capire se stesso, e che pagina dopo pagina finisce invece per smarrirsi sempre di più.

Tutto in fumo

Il tema del suo rapporto con le sigarette entra quasi in ogni pagina, come un filo rosso. Zeno non riesce in nessun modo a smettere di fumare, nonostante i mille tentativi, le promesse, le crisi di coscienza. Il fumo è la malattia, il vizio, ma è anche la compagnia fedele, la sola arma che forse gli resta per affrontare il mondo.

Quel fumo in cui si dissolvono le sue sigarette è la traiettoria della sua esistenza, un continuo rinviare, la rappresentazione del prendere in giro se stessi, la lotta tra il desiderio di cambiare e l'incapacità di farlo. Ogni sigaretta è un tradimento a se stesso, ogni tentativo fallito è una conferma della sua inettitudine.

Quel poveretto di Zeno non può immaginare invece la mia beatitudine negli istanti in cui mi godo una sigaretta. E quando qualcuno prova a chiedermi, probabilmente con la speranza di farmi sentire in colpa: «Ma quanto fumi?», rispondo indifferente: «Più che posso». Lui si organizza comunque una battaglia contro il fumo, e sono pur sempre cavoli suoi. Quello che non capisco sono le crociate contro il fumo che vanno di moda nelle grandi città. Prendete Milano, il sindaco Sala invece di fare il sindaco fa il proibizionista. A Milano si può fare tutto, ormai, anche scippare senza andare in galera. Ma quel che è vietatissimo è fumare. Credo che stiano provando a spiegarci quali sono i veri grandi nemici della nostra civiltà, non bisogna accanirsi contro il crimine, il mondo deve invece concentrare tutte le sue forze per combattere contro un milligrammo di nicotina. Capisco che ci abbiate negato i luoghi chiusi, gli uffici, i ristoranti, i cinema. Ma le strade, le strade della città, lasciateci almeno illudere che siano ancora di tutti, e non solo il territorio esclusivo di malviventi stranieri e spacciatori.

Non ci sentiamo bene

Zeno è anche un malato immaginario, un ipocondriaco che si preoccupa in modo ossessivo della sua salute. Sembra l'ennesima nevrosi utile a evitargli quel difficile momento in cui deve affrontare la realtà, un altro espediente per giustificare l'incapacità di agire.

La malattia ha davvero l'aspetto di un rifugio, un alibi, un sistema per attirare l'attenzione e sottrarsi alle responsabilità.

Da qualche anno, mi sono scoperto anch'io una forma di ipocondria, ma la mia è una forma piuttosto singolare. Non sono preoccupato per la mia salute, sono terrorizzato per quella di mia moglie Enoe. Voglio che stia bene, sempre, ormai mi basta non vederla attorno a me per pochi minuti e già mi preoccupo. Ho paura che possa essersi sentita male. Fino a cinque o sei anni fa, lei viveva a Bergamo, io a Milano. La raggiungevo il fine settimana. Ma siamo arrivati alla fase in cui tutti i figli hanno lasciato la nostra casa, era il segno chiaro che ci stavamo facendo anziani. Così le ho detto: «Vieni anche tu a Milano». Perché non sentisse troppo l'aria della metropoli, ho comprato anche qui una casa con un giardino.

La verità è che il mondo sta male, e Zeno provava a dircelo già un secolo fa. Allora si veniva fuori dalla prima guerra mondiale, oggi abbiamo fretta di infilarci nella terza. Viviamo come se una specie di desiderio di morte ci avesse sedotti.

Da tempo siamo in marcia verso il disastro, procediamo verso un conflitto globale che non solo distruggerebbe in un lampo noi e l'intero ecosistema, quello che a parole dichiariamo di voler salvaguardare, ma spazzerebbe via tutto il pianeta e la nostra intera civiltà. A volte mi pare di assistere alla recita della nostra stessa stupidità collettiva, i potenti della Terra, e persino gli attori più insignificanti, si sfidano in una gara infantile a chi ce l'ha più lungo, dimenticando che a pagare il conto saremo noi, non loro. Siamo vittime di questo paradosso, loro giocano a fare i duri e noi rischiamo di finire sotto le macerie. Ormai ho molti anni, ma giuro che tanta imbecillità intorno a me forse nella mia vita non l'avevo mai vista. Questo non è affatto un gioco, non è uno scherzo, qui si maneggiano armi nucleari, e il fatto che ci siamo arrivati così in fretta, quasi senza che ce ne rendessimo conto, è un segnale ancora più inquietante. Una volta, la sola idea di avvicinarsi a questo punto sembrava fantascienza, roba da film apocalittici. Ora invece ci siamo seriamente dentro fino al collo, la tensione è diventata la colonna sonora quotidiana delle nostre vite.

Il peggio è che ci siamo talmente abituati a questa atmosfera di guerra imminente che rischiamo di considerarla normale, quasi si trattasse di una banalità. Non vediamo che il pericolo si è fatto ormai reale e concreto, la guerra può bussare alla nostra porta da un momento all'altro. Siamo tutti in bilico, a un passo dal precipizio, eppure la sensazione generale è che nessuno voglia fare un passo indietro. Ho sempre nutrito la speranza che, una volta raggiunto il punto più alto della tensione, il buon senso avrebbe prevalso, preso il sopravvento, avrebbe indotto i protagonisti a fermarsi, a mettere da parte le provocazioni e a cercare una tregua. Ma ogni giorno che passa, la cronaca continua puntuale a smentirci brutalmente, invece di raffreddarla stiamo rendendo l'atmosfera ancora più rovente. Le provocazioni, le frasi minacciose, le ripicche e le accuse reciproche sono l'argomento quotidiano con il quale abbiamo imparato a fare i conti. Sembra che il solo obiettivo sia esasperare l'avversario, spingerlo oltre il limite, come se la guerra non fosse altro che un gioco di nervi da vincere a tutti i costi.

È il teatro dell'assurdo, l'ignoranza e l'arroganza diventano una miscela mortale. Malgrado tutto, continuiamo a far finta di niente, a vivere come se nulla fosse, e il mondo brucia lentamente sotto i nostri occhi. Vedrete, prima di ritrovarci morti dilaniati dalle bombe, moriremo di indifferenza.

Il mondo buio

Il padre di Zeno è una figura autoritaria, severa, un uomo che incarna la vecchia borghesia austro-ungarica, fatta di rigore, disciplina e tradizione. E quindi il rapporto tra Zeno e suo padre è caratterizzato soprattutto da rancori, da incomprensioni, da silenzi pesanti.

Si celebra tra loro quello che una volta chiamavamo «conflitto generazionale», e che rappresenta il divario tra vecchio e nuovo, fra intransigenza e inettitudine, tra dovere e desiderio di evasione.

Zeno ha una moglie di nome Augusta, una donna pratica, devota, che però appare anche un po' noiosa e piuttosto conformista. Il loro matrimonio non è nato dall'amore, ma da un compromesso, da una scelta che è stata dettata più dalla convenienza che dal sentimento. Augusta è l'immagine plastica della stabilità apparente, è la normalità borghese che Zeno nemmeno riesce a vivere appieno, ma a cui si aggrappa per la paura del cambiamento. E se c'è una moglie che deve incarnare l'ordinario borghese, non può non esserci un'amante, Carla, che fa da emblema del desiderio di evasione e di passione di Zeno, ma che si rivela soprattutto un'illusione destinata a svanire. Come in ogni buona relazione clandestina, i due vivono di alti e bassi, di speranze e delusioni, di tanti sogni infranti.

La figura certamente più ambigua che incontriamo è il dottor S., lo psicanalista di Zeno, il personaggio al quale è delegato il compito di rappresentare la scienza, la terapia, ma sul quale cade però tutta l'ironia che Svevo riserva alla stessa psicoanalisi. Zeno non riesce a interpretare la terapia come una cura miracolosa, è invece un percorso pieno di ambiguità, di dubbi, di resistenze. Ma allora perché si sottopone alle pratiche dello psicanalista? Più per abitudine che per convinzione reale, infatti il suo rapporto con il dottor S. è fatto di scambi dai quali traspare il bisogno sottile della presa in giro.

Il dottor S. è colui al quale nella vita tanti hanno dovuto ricorrere quando d'improvviso ti si spegne la luce del mondo che hai intorno, quando tutto si fa buio e ti sparisce ogni voglia di futuro. Ho letto recentemente della condizione in cui credo si ritrovi oggi Vittorio Sgarbi. Ho vissuto anch'io quel buco nero, e fu drammatico. Di depressione ho sofferto, per questo non sono stupito dalle sofferenze che lui racconta di aver vissuto. Conosco quello smarrimento, ho assaporato quel caos. Avrei voluto dargli consigli, ma so che non è possibile, sarebbe sciocco soltanto pensarlo. Ogni depressione è una bestia soltanto tua, con risvolti e dimensioni che solo chi ne è vittima può conoscere.

Quando mi è accaduto, ero già un giornalista con una certa autorevolezza, ed ero anche padre. In quegli anni lavoravo all'«Indipendente». In apparenza non c'era nulla che potesse giustificare quel malessere, che potesse procurarmi quel disagio. Forse tutto dipese dal disastro che trovai il primo giorno in cui misi piede in redazione. Dissi a me stesso che potevo reagire soltanto lavorando duro, ma mi sentivo impotente, come una marionetta che non ha alcuna possibilità di incidere sul suo destino. Non avevo alcuna idea che il motivo si chiamasse depressione, non ci avevo mai pensato e mai l'avrei attribuita a me stesso. Capii soltanto dopo un po', quando mi accorsi che l'angoscia cominciava a sgretolarmi, a occupare ogni spazio della mia volontà. Mi accorgevo che quando ero in piedi desideravo distendermi in un letto, ma appena mi stendevo, non vedevo l'ora di rialzarmi. È una smania feroce, che ti sottrae ogni possibile tranquillità. Non capisci più chi sei, dentro hai solo confusione, una confusione completa. Sono arrivato al ricovero in una clinica, ma lì mi hanno detto che stavo bene: «Lei è sanissimo».

Ciò che mi ha salvato davvero è stato l'incontro con uno psichiatra bravissimo. Mi disse subito: «Feltri, può anche mettersi il cuore in pace. Depressione o no, lei non sarà mai un allegrone». A questa diagnosi aggiunse la prescrizione di alcune pasticche che presi per due settimane. Lo ricordo bene, mi rimisi in piedi e in quel baratro per fortuna non ci sono finito più. Sgarbi descrive il suo malessere come un mondo popolato da fantasmi. E si tratta di fantasmi che purtroppo stanno moltiplicandosi. L'Organizzazione mondiale della sanità sarà pure un carrozzone pieno di sprechi e di errori, ma sulle pandemie ci prende. E ho letto che ha da tempo messo le mani avanti, sostiene che la depressione sia il male del nostro secolo, aggiunge inoltre che entro venticinque anni sarà addirittura la seconda causa di disabilità sul pianeta.

Fedez ha raccontato che per riprendersi ha dovuto fare ricorso a una terapia di sette pasticche al giorno. Anche lui ha provato quella sensazione tragica, si è accorto che si sentiva meglio con il pensiero della morte piuttosto che con l'idea di svegliarsi il giorno dopo. Devo dire che non ricordo di aver mai pensato al suicidio, probabilmente sono troppo abituato a questo mondo per desiderare di lasciarlo. E poi non posso permettermi di andarmene, ho il dovere di badare ai miei gatti.

Mentire per restare vivi

La coscienza di Zeno è la consapevolezza che lui ha dei suoi stessi difetti e delle sue debolezze, una conoscenza che tuttavia non lo rende migliore. Zeno ha un meccanismo di difesa che è prezioso per sopravvivere. La pratica di ingannarsi, di raccontarsi menzogne. Per questo continua a inventarsi storie, a giustificarsi, a rinviare, a cercare di convincersi che tutto andrà per il meglio. Quando in fondo sa bene che non è così.

Ma sto parlando di un meccanismo di difesa universale, non esiste chi non abbia mai raccontato una bugia a se stesso per sentirsi meglio, né esiste chi non abbia rinviato una decisione per non affrontare la realtà, chi sopraffatto dalle scelte non abbia cercato rifugio nell'indecisione. L'abbiamo avvertito tutti quel desiderio di cambiare che si scontra con la paura di perdere ciò che si ha.

Se Zeno è l'inetto per eccellenza, l'uomo incapace di agire, di decidere, di essere coerente, Zeno è un profilo di ciascuno di noi.

Ma in particolare di quegli individui come Elly Schlein, che per me rappresentano l'incarnazione dell'incapacità di essere concreti. È la capa del partito più grande dell'opposizione, e va bene che sia pronta a contestare ogni virgola sostenuta dal governo. Lo comprendo, fa parte del gioco e fa parte del ruolo. Quello che non capisco è la scelta di criticare i provvedimenti del governo prima di averli letti, scagliarsi contro una legge prima ancora che il governo l'abbia messa nero su bianco. Questo non vuol dire fare opposizione alla maggioranza, vuol dire fare opposizione all'Italia. Lo trovo da inetti, poiché è un comportamento che si sottrae di fatto al dibattito politico. È esattamente ciò che è accaduto in occasione della finanziaria, ha messo in piedi una specie di sommossa a proposito della manovra, quella che va preparata ogni anno per fissare le spese dell'anno successivo. Schlein è riuscita a criticare una legge che non solo non era stata ancora elaborata, ma nemmeno tracciata. I giornali si erano limitati a riportare indiscrezioni parziali sulla manovra solo grazie a poche parole strappate a Giancarlo Giorgetti, il nostro ministro dell'Economia. Quindi non avevamo notizie, ma solo vaghe impressioni sull'impianto della legge. Tuttavia, questo è bastato a scatenare la Schlein, che ha annunciato la mobilitazione del suo partito per bloccare la finanziaria. E qui i vuoti che si aprono sono addirittura due. Il primo è la presunta manovra del governo, di cui lei parla e contro cui si scaglia, peccato che quella legge non esista. Il secondo vuoto è la sua proposta alternativa: Schlein non dice quale legge sarebbe pronta a proporre semplicemente perché credo non ne sia capace. Del resto, se non sei in grado di programmare il tuo partito, come pensi di poter programmare l'andamento di un paese intero? Ma mi pare che gli ex comunisti se la tengano e se la coccolino, come avessero trovato il leader che aspettavano. Contenti loro.

Il cuore pulsante del romanzo di Svevo è il bisogno di ingannare se stessi solo per andare avanti. Possiamo vedere tutto questo come la condizione di un individuo, ma possiamo anche farne la chiave per comprendere l'Italia. Abbiamo politici che raccontano storie, che promettono mari e monti, ma che alla fine non mantengono nulla. Maestri soltanto nel giustificare i loro fallimenti, nel rimandare le decisioni difficili, nel trasformare la realtà per adattarla ai propri interessi. Una delle grandi regole non scritte della politica italiana è il trasformismo, è il tradimento dei principi, l'attitudine a cambiare casacca, idee, alleanze per convenienza personale.

La crisi d'identità

L'Italia attuale continua a vivere una crisi d'identità profonda, una crisi legata alla propria coscienza collettiva. Resta divisa tra il passato e il presente, incapace di decidere chi siamo davvero. Crediamo di voler interpretare ciò che accade oggi per poter affrontare meglio il futuro, in realtà siamo bloccati da sempre alla zavorra della nostra storia, della quale proprio non sappiamo liberarci. Assisto ogni giorno a uno spettacolo sconcertante nella gran parte dello spazio politico della sinistra, e mi riferisco ai loro rappresentanti in Parlamento e alla loro area di informazione, che invece di valutare nel merito le scelte e i provvedimenti di questo governo, invece di giudicare quanto potranno essere utili al paese, pensano che il loro unico compito quotidiano sia far dire a Giorgia Meloni che è antifascista. Significa che continuiamo a guardarci indietro, e che proprio non ne veniamo fuori, significa che siamo totalmente incapaci di rivolgere lo sguardo a ciò che siamo diventati e a ciò che abbiamo voglia di essere. Il trauma del passato è tutt'altro che risolto, avremmo bisogno di uno psichiatra e di un bel po' di pasticche.

Zeno è vittima delle sue nevrosi, l'Italia è certamente affetta da nevrosi collettiva. Siamo un paese che riesce benissimo a lamentarsi, per il resto sa fare poco altro. Ci sentiamo eternamente colpiti da un destino avverso, ma ormai non muoviamo un dito per cambiarlo. Date un'occhiata ai social, il grande termometro del nostro mondo, scoprirete che una maggioranza larghissima di coloro che minuto dopo minuto scrivono, postano, retwittano, commentano, e che in qualsiasi modo si esprimono, in realtà si lamentano, accusano, attaccano chiunque si trovi sul loro orizzonte. Credono di denunciare, ma non fanno nient'altro che diffondere le proprie frustrazioni.

Costretti a difendersi

Più volte mi sono sentito accusato di cinismo, e il cinismo è spesso dipinto come un difetto. Io credo invece che sia una tra le tante forme di sopravvivenza. È un sistema con il quale si può provare a proteggere la propria integrità mentale. Non viviamo tutti in un mondo che si mostra ipocrita, noioso e deludente?

Durante il mio percorso personale e professionale, ho imparato che il cinismo sa essere un'arma potente. Può diventare la lente che permette di osservare la realtà in modo un po' più diretto, che aiuta a smascherare qualche menzogna e a non cadere troppo spesso nelle trappole dell'illusione.

Per questo, dopo anni di osservazione diretta e di partecipazione al mondo politico, posso affermare che la politica italiana è un circo, e non un circo qualsiasi. Un circo con tanti inetti, trasformisti, clown e illusionisti. Ho visto politici promettere riforme epocali e nel giro di settimane sparire nel nulla. Ho visto coalizioni nascere per salvare definitivamente il paese e portarlo nel futuro, e le ho poi viste morire in pochi mesi, sfasciate come castelli di carta. Ho visto dichiarazioni di coerenza, patti d'acciaio risolversi in cambi di casacca che avrebbero fatto invidia alle vedette dei migliori teatri. Ma la politica è un mestiere, non una missione, e questo è perfettamente chiaro a ciascuno dei seicento parlamentari che ci rappresentano.

Forse il cinismo è uno spiraglio, una di quelle vie di fuga di cui la coscienza ha bisogno. Ed è questo il paradosso che attraversa tutto il romanzo di Svevo: la coscienza è la gabbia che ci imprigiona nelle nostre nevrosi e nelle nostre paure, ma è anche l'arma con cui possiamo tentare di liberarci. L'importante è comprendere che la liberazione non è mai definitiva, possiamo raggiungerla, ma ricadremo ancora, e di nuovo ci toccherà rimetterci in piedi.

X

Se questo è un uomo

Ciò che non va dimenticato, soprattutto oggi

Il peso della Shoah

Quando torna a casa la sera, c'è chi trova il cibo caldo e visi amici e c'è chi invece trova solo notiziari alla tv che straparlano di antifascismo, e che esibiscono la sinistra che si commuove a comando.

L'incipit dei versi che Primo Levi pone in apertura del suo libro dice: «Voi che vivete sicuri/ Nelle vostre tiepide case,/ Voi che trovate tornando a sera/ Il cibo caldo e visi amici:/ Considerate se questo è un uomo».

Pochi hanno diritto autentico di spiegarci cosa sia davvero l'antinazismo. Primo Levi ci ha lasciato un monumento alla memoria, un libro che ogni tanto qualcuno cita, spesso senza averlo letto. E oggi purtroppo anche la memoria è diventata una moneta da spendere nei talk show, tra una polemica su Israele e una sulle periferie di Milano.

Levi scriveva: «Meditate che questo è stato». Meditare però non è sport nazionale. Qui da noi si preferisce gridare, indignarsi, fare la morale agli altri. Levi raccontava l'orrore di Auschwitz, la disumanizzazione, la fame, la paura. Ora si parla invece di fascismo per un tweet sgrammaticato o per una battuta fuori luogo. Se Levi fosse ancora tra noi, si chiederebbe se questo è un paese o una barzelletta.

Di questi tempi è di moda schierarsi, io sostengo con forza che a Israele nessuno può negare il diritto di esistere e di difendersi.

Sento eserciti di antisionisti parlare di umanità e di diritti, e sono gli stessi che vogliono lasciare le nostre periferie sotto il controllo di bande di delinquenti e di trafficanti di ogni genere. Un giorno ho detto che le periferie di Milano sono il caos, sono orribili e piene di extracomunitari, mi hanno dato del razzista. Ma di un aspetto sono sicuro, chi vive in quei territori non ha bisogno di nessuna lezione di morale. Vuole soltanto sicurezza, lavoro, scuole decenti. Peccato non poterglielo chiedere, ma Levi sapeva bene cosa vuol dire essere privati della dignità, capiva meglio di tante teste vuote che la vera ingiustizia non è difendere le proprie frontiere, ma è lasciare le persone nel degrado. E intanto nei salotti buoni si discute di integrazione.

Sembra quasi che dobbiamo rassegnarci, in Italia la commedia dell'arte della politica parla di resistenza contro il fascismo, il loro fascismo immaginario. La vera resistenza è quella contro le pessime amministrazioni, contro la corruzione, la burocrazia. Levi raccontava di uomini ridotti a numeri, di vite cancellate dalla violenza cieca. E adesso sembra che ci si debba commuovere per i diritti di chi non paga il biglietto del tram, però ci si dimentica dei pensionati che non arrivano a fine mese. Questo non è un paese civile, mi chiedo se non abbiamo bisogno di un nuovo Medioevo che ci insegni a ripartire.

Dalla parte giusta

Levi non era un santo né un predicatore, e credo che non si sia mai candidato a essere né l'uno né l'altro. Era un uomo che aveva visto l'abisso e che era dotato della forza e del talento necessari per raccontarlo, perché nessuno dimenticasse. Purtroppo tutto torna, anche l'orrore. Ciò che accade in Israele riporta alla mente l'incubo di ottant'anni fa. Credevamo di aver imparato qualcosa, credevamo che quella vergogna per l'umanità ci avesse almeno insegnato un nuovo dovere di civiltà. Sbagliavamo, ancora una volta ci eravamo sopravvalutati, ancora una volta abbiamo pensato di essere capaci di comprendere, di imparare, di cicatrizzare. Invece ci basta poco per riaprire le ferite, per riscoprire quanto antisemitismo sia tuttora diffuso sul pianeta. Quello che è avvenuto il 7 ottobre 2023 mi fa ancora sanguinare il cuore, e non ci sono ricostruzioni storiche che possano giustificare quell'eccidio. Non ho mai paura di praticare il dubbio, ma stavolta so bene da che parte stare, non posso tradire Israele e non lo farò. Tra l'altro, sono orgoglioso di essere un ebreo *ad honorem*, ho anche un albero piantato nel Giardino dei Giusti. Israele potrà commettere errori con alcune delle sue strategie, in questo mondo nessuno è impeccabile, ma non si può lasciar solo un popolo che ha subito il destino terribile degli ebrei. E in ogni caso, mettiamoci in testa che in questa disputa, che tanto scuote le coscienze, la ragione è tutta dalla parte di Israele.

Sento in giro tanti che, anche all'indomani del 7 ottobre, anche all'indomani di quella spaventosa strage di innocenti, continuano a dire idiozie, e quasi sostengono che Israele dovesse reagire a quel pugno mostruoso che ha ricevuto con una carezza. Non dimentichiamo che Hamas non solo ha ucciso con una crudeltà pazzesca, ma in più ha preso ostaggi e ha continuato a torturarli, ad ammazzarli, e comunque non ha mai mostrato di volerli restituire alle loro famiglie. D'altra parte parliamo di un'organizzazione terroristica, quindi votata ostinatamente al crimine, un'organizzazione nella quale non è contemplata la pietà, e da cui perciò non credo che dobbiamo aspettarci alcuna volontà di negoziare. Hanno trucidato e hanno sequestrato centinaia di innocenti, comprese donne e bambini. Vuol dire che intendevano continuare con le loro violenze, e nella migliore delle ipotesi avevano in mente di ricattare. E dal mio punto di vista chi tratta servendosi del ricatto fa semplicemente schifo.

Il mondo dovrebbe compattarsi e schierarsi dalla parte di Israele, non si può parteggiare per chi pratica il male in modo così perfido e spietato. Interpreteremo molto meglio questa bruttissima vicenda solo quando capiremo davvero che un gruppo come Hamas non solo ha nei suoi propositi lo sterminio degli ebrei, ma pratica senza alcuno scrupolo anche una odiosa oppressione politica e religiosa ai danni del suo stesso popolo, i palestinesi.

Qualcuno travisa, qualcuno ha voglia di dimenticare che è Israele lo Stato aggredito. Non è una mia opinione, sono i fatti a dirlo. Possiamo fare lo sforzo ignobile di minimizzare ciò che è accaduto quel 7 ottobre 2023, in realtà i miliziani di Hamas hanno letteralmente invaso il territorio israeliano per eliminare nel modo più barbaro possibile i coloni, rastrellandoli casa per casa, con l'obiettivo di non risparmiare nessuno. Questo, senza alcuna ambiguità, fa di Israele lo Stato aggredito. E come è fissato nel diritto internazionale, e mi auguro anche nella nostra sensibilità, Israele ha soltanto risposto a un attacco, attaccando a sua volta con tutta la forza militare di cui dispone. È disonesto giudicare questa risposta illegittima o incomprensibile, il solo limite di cui dobbiamo tener conto sono le norme del diritto internazionale che regolano i rapporti tra gli Stati. Un limite che, oggi non possiamo escluderlo, probabilmente Benjamin Netanyahu ha anche oltrepassato, soprattutto quando ha impedito che i camion carichi di aiuti umanitari entrassero nel territorio della Striscia di Gaza. Se c'è un punto a proposito del quale mi dissocio dalle scelte di Israele è esattamente questo. Anche la guerra prevede principi da rispettare, regole morali che vanno onorate e mai calpestate. Nemmeno la condizione di Stato aggredito, vittima di una vera e propria invasione armata, può giustificare il disprezzo e la violazione dei diritti umani, soprattutto quando riguardano bambini e soggetti fragili e indifesi. C'è una questione etica e c'è anche una questione di opportunità politica e diplomatica. A volte ho la sensazione che Netanyahu stia attirandosi la condanna anche di coloro che fino a oggi avevano responsabilmente scelto di stare dalla sua parte.

L'inferno e i corpi

Quello di Primo Levi è un nome che pesa come un macigno sulla coscienza dell'Italia e del mondo intero. *Se questo è un uomo* non è soltanto un libro, è per tutti diventato una specie di bibbia laica, qualcosa che è giustamente trattata quasi come fosse un testo sacro, da leggersi perciò con reverenza e silenzio. È davvero così? Chiediamocelo con spirito critico. Qui siamo al cospetto del tentativo di riportare su delle pagine il dolore puro, e inoltre la faccia più ripugnante della bestialità umana. Ma proviamo a uscire per un istante dalla dimensione emotiva e da quel richiamo empatico che ci costringe a fare di quest'opera un simbolo e non solo un lavoro letterario.

L'autore è un chimico torinese, un uomo normale che un giorno della sua vita si ritrova catapultato nell'inferno di Auschwitz. Levi pubblica il libro nel 1947, quando cioè l'Italia sta cercando faticosamente di ricostruirsi, ancora disorientata dalle sue macerie materiali e morali. Il racconto è uno sforzo della memoria, ma è soprattutto il tentativo di dare senso a un'esperienza che senso non ha, non può averlo. E qui si apre la prima grande questione: Levi affida alla sua memoria il compito di una ricostruzione minuziosa? Oppure si comporta da narratore, e applica il filtro della propria sensibilità? Non può ricordare tutto, forse il trauma nemmeno glielo consente, ma questo non gli impedisce di dipingere la sua tela, né di offrirci la sua testimonianza di individuo che ha visto l'inferno.

Non è un mistero che la memoria sia un meccanismo complesso, lo stesso Levi più volte ha sottolineato che ricordare è un atto creativo, non è mai una semplice registrazione. Ed è probabilmente proprio in questo punto che il libro sa diventare un capolavoro; dove non può limitarsi a essere il resoconto minuzioso e notarile di una tragedia, l'opera diventa arte.

Il titolo stesso somiglia tanto a una domanda retorica, è una specie di sfida. Levi mette in discussione la natura umana, la definizione di uomo che ci pareva di poter dare per scontata. Nel lager gli uomini diventano numeri, corpi da spezzare, ombre da cancellare. La deumanizzazione è il cuore del racconto, e purtroppo è anche il cuore del problema.

Levi mostra come questa disumanizzazione sia un processo metodico, che passa attraverso la perdita del nome, la riduzione a numero, la privazione dei bisogni fondamentali. Si tratta di un processo di cui troviamo un resoconto descritto con precisione quasi scientifica, come fossero reazioni che nel suo laboratorio un chimico scatena tra gli elementi.

Quando lo lessi, una delle domande che mi posi fu: cosa sta provando a dirmi questo volume, che l'uomo è spaventosamente fragile oppure che è l'essere vivente più maledettamente resistente che esista?

Credo di non essermi mai dato una risposta, ma se provo ad analizzare, è la fragilità l'elemento nel quale trovo la grandezza del libro. Si mostra l'uomo non come un eroe mitologico, ma come un essere umano reale, tenuto insieme proprio dalle sue contraddizioni. L'umanità alla fine sopravvive addirittura all'angoscia della Shoah. Ma qual è il prezzo? E cosa significa davvero essere uomo in uno scenario tanto disumano?

La perdita della dimensione umana fa pensare alla famosa definizione di Hannah Arendt, alla banalità del male. Levi racconta un mondo in cui la brutalità più oscura diventa una macabra routine, in cui il male è amministrato da burocrati che si fanno carnefici, corpi che scelgono e agiscono rinunciando alla pietà. Dall'altra parte ci sono le vittime, altri corpi per i quali la sopravvivenza diventa un meccanismo di adattamento, quasi sempre disperato. Non c'è alcuna gloria, solo la terribile realtà di chi si trova inspiegabilmente costretto a lottare per non morire.

L'opera fu scritta in poco più di un anno, precisamente tra il dicembre 1945 e il gennaio 1947, ed ebbe un destino che oggi risulta piuttosto sorprendente. L'autore presentò il manoscritto all'editore Einaudi, i cui responsabili editoriali all'epoca erano Natalia Ginzburg e Cesare Pavese. La Ginzburg lo respinse, ne rifiutò la pubblicazione poiché lo considerò materiale di livello non eccelso. Solo dopo alcuni anni confessò di aver cambiato idea e di aver emesso un giudizio sbagliato. Pavese condivise la bocciatura, ma per un motivo diverso. In quegli anni erano usciti numerosi memoriali di deportati ed ebrei che raccontavano la propria esperienza nei lager. Escludendo l'opera di Primo

Levi, si contano almeno altri sei racconti di quel genere che apparvero in libreria nei primissimi anni successivi alla guerra. Ne furono autori Lazzaro Levi sul finire del 1945, poi Giuliana Fiorentino Tedeschi, Alba Valech Capozzi, Frida Misul e Luciana Nissim Momigliano nel 1946, poi toccò a Liana Millu nel 1947. Non è finita, poiché pubblicarono opere con lo stesso tema anche Luigi Ferri, Sofia Schafranov e Bruno Piazza. All'indomani del rifiuto, perciò, Primo Levi si rivolse a una piccola casa editrice torinese, di proprietà di un certo Antonicelli, il quale decise di diffondere l'opera stampandone però pochissime migliaia di copie. Ad Antonicelli arrivò un manoscritto che aveva per titolo *I sommersi e i salvati*, il libro gli andava anche a genio, ma pensò che meritasse un altro nome e dietro suggerimento di un suo collaboratore propose *Se questo è un uomo*, che l'autore accettò. Non fu un grande successo di vendite, la sua fama crebbe anzi piuttosto lentamente, ma poi negli anni successivi conquistò spazi sempre più ampi, tanto che nel 1958 Einaudi decise che avrebbe finalmente aperto le porte al memoriale di Levi.

Nel lager

Levi racconta di istanti di solidarietà tra i prigionieri, istanti che in queste pagine così travolgenti prendono un sapore strano, sembrano tutti legati alla necessità, quasi a un calcolo dettato dalla convenienza. Anche la fratellanza diventa un'arma per sopravvivere, non ha mai l'aspetto di un momento eroico. Infatti, l'autore è noto per la sua sobrietà, per la sua chiarezza. Evita sempre l'enfasi, non punta a scatenare i nostri sentimenti, preferisce che il racconto resti asciutto e preciso. Fa di questa sobrietà uno strumento, quasi un trucco letterario. Levi racconta l'orrore senza urlarlo, ed è proprio così che lo rende più vero e più credibile. Vuole che il lettore accetti l'indicibile, senza ribellarsi. Costruisce un testo che aspira a essere universale, ma che non può evitare di trasformare un'esperienza personale in messaggio morale. Per tutto questo, la memoria della Shoah è un dovere civile, una lezione da trasmettere alle nuove generazioni per evitare che l'orrore si ripeta.

Il romanzo si apre con la cattura di Levi e il viaggio in treno verso Auschwitz. Levi descrive i vagoni sovraffollati, la mancanza d'acqua, il freddo e la paura che cresce tra i deportati. Già percepiamo la perdita di dignità, che poi si farà ancora più drammatica una volta arrivati nel lager.

Il viaggio è una metafora evidente della discesa agli inferi, il passaggio da un mondo umano a un mondo disumano, nel quale la speranza si spegne. È una prima fase del racconto che è cruciale per comprendere come la deportazione sia un annientamento non solo fisico ma anche psicologico.

Appena dopo l'arrivo, Levi racconta la prima selezione e la spoliazione totale: ai prigionieri viene ordinato di radersi, di lavarsi, di tatuarsi un numero che sostituisce il nome. «Un medico prigioniero informa che sono in un campo di lavoro e che, dopo la doccia, saranno portati a lavorare in una fabbrica di gomma chiamata Buna.» La scena è carica di simbolismo, il numero è l'emblema della perdita d'identità, la doccia diventa l'inganno che nasconde una tortura. In questo abisso ripulirsi il corpo vuol dire incontrare la morte. Tutto il campo è descritto come un luogo di sofferenza progettata, nel quale ogni dettaglio è pensato per spezzare l'uomo.

È nel nono capitolo che si comprende il senso del titolo che l'autore avrebbe inizialmente voluto dare al suo libro. A proposito dei deportati nel lager, Levi distingue tra coloro che chiama «sommersi», cioè i prigionieri che si arrendono, si conformano e soccombono, e i «salvati», coloro che invece lottano per sopravvivere, anche a costo di compromessi morali. Levi descrive anche quelli che chiama i «musulmani», termine che usa per indicare i prigionieri in stato di abbandono totale, e i «kapò», i prigionieri a cui è permesso esercitare un potere sugli altri internati, spesso anche con metodi brutali.

Sono distinzioni che fanno ulteriore luce sulla complessità della sopravvivenza nel lager, da una parte c'è la propria resistenza fisica, quell'istinto di conservazione che ti spinge oltre i limiti immaginabili, ma dall'altra ci sono le scelte etiche difficili, il confronto tra la tua sopravvivenza e quella di chi si ritrova nella tua stessa condizione. Levi non idealizza nessuno, si limita a mostrare la crudeltà di tutto questo, e quanto le dinamiche interne al campo complichino ancora di più il desiderio elementare di sopravvivere.

Alcune pagine dopo, Levi evoca la cultura come strumento di resistenza morale. Ricordare e recitare versi della *Divina commedia* diventa un atto di affermazione dell'umanità contro l'abbrutimento. La cultura è uno spiraglio di salvezza, un altro piccolo espediente per mantenere viva la propria identità, e per provare a tenere in piedi la propria dignità.

XI

Il Gattopardo

Il mondo che cambia restando immobile

Il profumo della decadenza

La storia dei grandi capolavori della letteratura si intreccia con la storia delle grandi sviste editoriali. *Il Gattopardo* non fa eccezione. Quando l'autore inviò il suo manoscritto alle più autorevoli case editrici italiane, gli risposero con un rifiuto secco. Ci dispiace, gli dissero, ma è troppo lento, troppo nostalgico, e anche troppo aristocratico.

Ma lui alle grandi sconfitte un po' era abituato, aveva preso parte come ufficiale alla prima guerra mondiale, assegnato al 1° Reggimento di artiglieria campale, e tra l'ottobre e il novembre 1917 gli era toccato il triste destino di partecipare di persona alla famosa battaglia di Caporetto, la più grave sconfitta della storia militare italiana. L'11 novembre divenne uno dei 300.000 prigionieri italiani catturati dall'esercito austro-ungarico. Fu recluso per un anno e mezzo nel campo di Szombathely, in Ungheria. Provò inutilmente a evadere una prima volta, ci riuscì al secondo tentativo, e si avventurò in una lunga fuga che lo avrebbe riportato in Italia a piedi.

Giuseppe Tomasi di Lampedusa apparteneva a una famiglia di antica nobiltà siciliana, nel 1932 sposò una psicanalista russa, Alexandra von Wolff-Stomersee. Per incompatibilità con la suocera, però, Alexandra se ne tornò presto in Curlandia, una regione dell'attuale Lettonia, dove rimase per una decina d'anni mentre il marito si recava spesso a trovarla. Da alcuni anni si era dissolto l'Impero russo, e da lì Tomasi di Lampedusa vide la fine progressiva della nobiltà baltica, vide la fine di un'epoca. Ciò che accadeva in Curlandia era il presagio di ciò a cui avrebbe poi assistito nella sua Sicilia.

Aveva un cugino poeta, Lucio Piccolo, e un giorno del 1954 lo accompagnò a San Pellegrino Terme, dove si teneva un convegno di poeti. Qui maturò l'idea che in realtà meditava da anni, scrivere la storia della sua famiglia, raccontare soprattutto ciò che aveva appreso sul conto del suo bisnonno, il principe Giulio Fabrizio Tomasi, noto per le sue ricerche astronomiche.

A quell'epoca, Giuseppe Tomasi di Lampedusa era niente più che un principe decaduto, l'ultimo erede di una Sicilia ormai morta. L'Italia si affrettava a dimenticare la sua nobiltà, non vedeva l'ora di celebrare la modernità. Quell'Italia ormai si illudeva di aver rivolto lo sguardo ai miti del progresso e della rivoluzione, in realtà era destinata a rimanere sempre la stessa.

Lui scrisse il romanzo nel 1956, e del destino di quelle pagine non seppe mai nulla. Morì pochi mesi dopo averlo ultimato, e solo grazie a Giorgio Bassani il libro vide la luce nel 1958. Un romanzo così profondo e così lucido sul destino del paese era stato snobbato e sottovalutato. Era un'opera in cui la decadenza era la vera protagonista, in cui si celebrava il disfacimento inesorabile di una società. Quell'atmosfera certamente non mise di buon umore chi lo lesse e lo giudicò. Del resto, si era in un'Italia in cui molti dicevano di aspettare Baffone, e tanti illusi immaginavano davvero che prima o poi un Baffone l'avremmo avuto anche noi. Giovannino Guareschi lo sapeva bene, dieci anni prima aveva reso immortali Peppone e Don Camillo, le due facce più fedeli del paese di quei tempi. E soprattutto coloro che si sentivano dalla parte di Peppone se ne infischiavano di leggere le pagine angosciate di una nobiltà che quasi un secolo prima andava dissolvendosi.

Nobili e manovali

Il nostro Giuseppe, se andiamo a guardar bene la sua casata, era l'undicesimo principe di Lampedusa, il dodicesimo duca di Palma, barone della Torretta, barone di Montechiaro, Grande di Spagna di prima classe. D'accordo che raccontò il declino della nobiltà di sangue, ma alla fine condusse un'esistenza nella quale, scrittura a parte, di fatto non lavorò mai. Come ogni buon aristocratico, potrei aggiungere.

Dai giorni che l'autore racconta nel suo romanzo, è trascorso un secolo e mezzo, e forse da allora non siamo cambiati come pensiamo. La modernità è un mito che facciamo anche oggi fatica a definire, restiamo invece ben ancorati al nostro passato di sognatori, all'aspirazione che un giorno vedremo scorrere del sangue blu anche nelle nostre vene. Siamo ancora il popolo che correva ad affollare le strade solo per applaudire il passaggio della carrozza del re. Abbiamo un errore dentro, crediamo che i sogni valgano più del lavoro.

Recentemente, ho letto che in Italia oggi gli avvocati sono più numerosi degli idraulici e, capisco che faccia ridere, sono più numerosi pure degli imputati. Appartengo a coloro che hanno sempre incoraggiato i figli e i nipoti a studiare, la cultura e la conoscenza sono sicuramente traguardi che vanno inseguiti, ma li ho anche spinti a imparare un mestiere, uno di quelli autentici. Acquisire un'abilità, intendo proprio un'abilità di tipo manuale, permette di conquistare una competenza che non ti lascerà mai escluso dal mondo del lavoro, perciò non dovrai temere di finire in difficoltà, non dovrai aver paura di dipendere da altri. Purtroppo, è un patrimonio culturale che sembra destinato a estinguersi. Siamo un paese che crede di poter vivere soltanto di avvocati e programmatori, quando in realtà occorre ancora l'apporto di fabbri e falegnami, lavori che giorno dopo giorno lasciamo sempre più agli stranieri, come se noi le mani non potessimo più sporcarcele.

Eppure, nessuno mi toglie dalla testa che la manualità renda liberi. Io da sempre considero il mio un lavoro manuale, del resto non faccio altro che trascrivere concetti che mi nascono nella testa servendomi delle mani. Ma come quasi tutti i lavori, una volta era un mestiere ancora più artigianale. Da anni, le tecnologie hanno preso il sopravvento anche nel mondo del giornalismo, anzi mi pare di aver capito che adesso, grazie all'Intelligenza Artificiale, sia possibile produrre interi articoli senza fare nulla, aspettando che ti esca dal computer mentre tu fai girare i pollici.

Non credo che aver smesso di usare le mani sia un vero progresso. Anzi, se parliamo di giornalismo, credo che smettere di scrivere e aspettare che sia una macchina a farlo sia una certificazione, il definitivo atto di morte di questa professione. Escludere le mani vuol dire escludere l'anima, dunque escludere le emozioni. E le emozioni sono il primo ingrediente di una buona opera di artigianato, sono ciò che distingue un freddo prodotto standard da un'opera d'arte. Tutto ciò che viene realizzato con lo spirito sano dell'artigianato avrà sempre e comunque valore poiché conterrà la passione, e poiché sarà visibile ogni istante dell'impegno che è stato necessario per giungere a quel risultato. Un artigiano sa che per il suo lavoro lo strumento forse più importante è il tempo, e per tutti noi non c'è nulla che sia più prezioso. Qualcosa mi dice che ai lavori veri ci torneremo, ci accorgeremo che è stato un errore avviarsi verso il loro abbandono, e illudersi che le macchine possano integralmente sostituire il lavoro umano. Possono sostituire la parte ripetitiva, non c'è dubbio, ma non avranno mai la fiamma, non avranno mai quella scintilla miracolosa che chiamiamo «creatività». Ogni volta in cui mi accorgo di avere tra le mani un prodotto realizzato artigianalmente, respiro il vecchio piacere che solo gli oggetti di valore sanno darti, ne avverto l'eccellenza, la buona fattura, il lusso, la classe.

Nella mia vita ho sempre svolto professioni per le quali dovevo adoperare le mani. Ho fatto il commesso, il vetrinista, ho suonato il piano nelle balere, ho pulito le scale dei condomini per arrotondare, e naturalmente ho usato le mani quando ho iniziato a scrivere. Continuo ad avere grande rispetto della penna e della carta, non mi fido troppo della tastiera di uno smartphone. Uno come me se ne infischia altamente del declino dell'antica casata dei Tomasi di Lampedusa. Fino agli ultimi giorni della loro parabola, gli aristocratici provavano a sostenere che il lavoro toccasse ad altri, ai borghesi e ai plebei, non certo a loro. Io appartengo a questi altri, a coloro che nel lavoro, il lavoro vero delle mani, trovano il senso dell'esistenza.

Un leone al tramonto

Il romanzo si apre nel 1860, anno cruciale per il nostro paese, anno in cui si celebra lo sbarco dei Mille di Garibaldi proprio in Sicilia. Il protagonista assoluto è Don Fabrizio Corbera, principe di Salina, duca di Querceta e marchese di Donnafugata, un uomo colto, raffinato, ma anche cinico e disilluso, un individuo che osserva il mondo cambiare senza poterci fare nulla. La sua famiglia è il simbolo più luminoso di un'aristocrazia destinata a scomparire, che tuttavia ancora vive tra i fasti la propria decadenza. Don Fabrizio Corbera è alto, imponente, usa lo sguardo severo e l'intelligenza acuta. La sua figura non è semplicemente ispirata al bisnonno dell'autore, è anche il frutto di un genio letterario che ha saputo creare un uomo di grande statura morale e intellettuale, incapace però di comprendere le trasformazioni e di adattarsi al nuovo mondo. È appassionato di astronomia, passa ore nel suo osservatorio privato a scrutare il cielo, forse cercando un senso proprio a quell'ineluttabile sentore di fine che lo circonda. La sua forza fisica è enorme, si racconta che fosse in grado di piegare le posate con una mano e che potesse accartocciare delle monete come fossero di carta velina. Ma ciò che lo rende un personaggio a suo modo epico sono soprattutto la sua forza morale e il suo rigore intellettuale.

Assume enorme significato simbolico il suo rifiuto di candidarsi alla carica di senatore del nuovo Regno d'Italia. Il suo non vuole essere affatto un gesto di lealismo borbonico, ma soltanto la manifestazione di una rigidità morale che non accetta alcun compromesso con la modernità, e tutto sommato anche dell'incapacità intellettuale di assumersi la responsabilità politica del cambiamento, un cambiamento del quale in nessun modo si sente parte. Don Fabrizio non è un uomo impulsivo, ma molto riflessivo, usa la testa prima di agire, lo scopriamo soprattutto nel corso dei suoi dibattiti, qualche volta amichevoli e in tante occasioni aspri, con Padre Pirrone, il curato di famiglia.

La sua autorità è indiscussa nella famiglia, ma è anche segnata in modo amaro da un distacco emotivo, soprattutto nei confronti del figlio Francesco Paolo, colui che rappresenta tutto ciò che Don Fabrizio disprezza. Una personalità fragile e piuttosto sciocca, l'attitudine al pettegolezzo e un'evidente remissività. Il principe vede invece nel nipote Tancredi il suo vero erede spirituale, la figura che con l'energia e l'intelligenza può compiere ciò che lui ormai non ha più la forza di fare. Fabrizio sa di essere l'ultimo rappresentante di una casata che è stata ricca, potente e orgogliosa, ma sa anche che è arrivata l'ora in cui la Storia lo ha beffato. E la Storia è più grande di lui, più grande della sua famiglia, più grande anche dei secoli in cui ci si è inchinati al loro cognome. Per questo accetta il destino con rassegnazione, sa che il suo mondo sta per essere sostituito da un nuovo ordine sociale, anticipato dall'arrivo di Garibaldi. È il motivo per il quale Fabrizio non combatte il cambiamento, si limita a osservarlo con malinconia, consapevole della propria impotenza.

Il vecchio che si adatta

Suo nipote Tancredi Falconeri è un giovane pragmatico, che meglio di lui sembra adeguarsi al nuovo corso, per capirci sposa Angelica Sedara, che non ha titoli di nobiltà ma è figlia di un ricco borghese. Il loro matrimonio è la metafora perfetta del passaggio di potere da una classe all'altra, dal tramonto della nobiltà alla piena investitura della borghesia. Tancredi è bello, e per giunta è scaltro. Incarna un perfetto esempio del trasformismo italiano, sembra costruito su di lui il motto che è diventato famosissimo e che dà il senso all'intero romanzo: «Se vogliamo che tutto rimanga com'è, bisogna che tutto cambi».

Tancredi non è affatto un idealista, è anzi un uomo che sa adattarsi al cambiamento con l'obiettivo di trarne vantaggio. Il suo matrimonio con Angelica Sedara è un atto politico, una scelta che di sentimentale ha pochissimo. Con quelle nozze, Tancredi unisce la nobiltà decadente alla borghesia emergente, l'aristocrazia schizzinosa alla concretezza del denaro, in questo modo si garantisce il futuro in un'Italia che cambia pelle ma poi resta intatta nella sostanza.

Tancredi è il modello del politico italiano che ho visto ripetersi nei decenni. Potrei citare soprattutto Bettino Craxi, che cercò di trasformare la sinistra in un potere moderno, ma che alla fine restò travolto dalla rivoluzione imprevedibile di Tangentopoli. E per motivi molto diversi potrei citare Silvio Berlusconi, il camaleonte più abile di tutti, senza dubbio il politico italiano che meglio ha saputo interpretare le epoche che ha attraversato, capace com'era di mescolare affari, politica e spettacolo con una destrezza e una disinvoltura che non ho mai più visto in nessun altro.

Il ballo della nuova alleanza

Angelica Sedara è la figlia di Don Calogero Sedara, uomo che ha fatto fortuna con il commercio e l'industria. Angelica è bella, è ambiziosa e rappresenta in modo perfetto la nuova classe emergente che con il denaro sostituisce il sangue della nobiltà. Se il matrimonio con Tancredi è l'alleanza ineccepibile tra vecchio e nuovo potere, rappresenta tuttavia anch'esso la fine di un'epoca. Ad Angelica manca la nobiltà d'animo del principe, ha solo il denaro e la determinazione che le assicurano un posto nel nuovo ordine.

Ed è esattamente quel nuovo ordine che Don Fabrizio disprezza profondamente, ma ne accetta la realtà e per questo proporrà che il padre di Angelica, Don Calogero Sedara, venga nominato senatore del nuovo Regno d'Italia, un ennesimo espediente, in fondo, per mantenere il potere mascherando il cambiamento.

La descrizione del ballo a Donnafugata è uno dei momenti più alti del romanzo e della letteratura italiana. Nel suo film realizzato nel 1963 Luchino Visconti ne ha fatto un capolavoro di cinematografia, chi l'ha visto non dimenticherà mai Burt Lancaster e Claudia Cardinale che danzano in quella enorme sala di Palazzo Valguarnera-Gangi. Pensate che quella sola scena dura tre quarti d'ora, e del resto anche il grande salone dorato in cui si svolge diventa un microcosmo della società aristocratica siciliana in declino. La musica è un valzer brillante composto da Nino Rota e ispirato a Giuseppe Verdi, e come tutto ciò che appare nella sequenza serve a sottolineare la decadenza e la nostalgia di un mondo che presto scomparirà per sempre.

Quel ballo è l'autocelebrazione oziosa di una classe aristocratica che si sta svuotando del proprio ruolo storico e politico, ed è anche un momento di riflessione malinconica per il principe, che percepisce il passaggio del tempo e la fine della sua traiettoria; non a caso Visconti è abilissimo nel rendere tutto ancor più drammatico poiché chiude la festa con una scarica di fucili che racconta più di quanto possano fare mille discorsi. È il ballo della politica, intesa anche come desiderio e passione, un ballo che intreccia le emozioni e le alleanze sociali, che diventa un atto politico e storico radicale.

Ma la pagina scritta di Tomasi di Lampedusa è altrettanto potente. Il suo ballo è una rappresentazione teatrale della società siciliana: luci, musica, sfarzo, ma anche ipocrisia e decadenza. È il momento in cui il principe osserva il mondo che cambia, mentre intorno a lui tutto sembra fermarsi in un'illusione di eternità. Nel romanzo, la scena è descritta con cura meticolosa, grazie alla quale si sottolinea il contrasto tra la magnificenza della festa e la consapevolezza che quello è un crepuscolo. Proprio mentre danza con Angelica, Don Fabrizio si commuove, in un istante solo è sopraffatto dalla coscienza di quanto sia fragile la vita e quanto sia imminente la sua stessa fine.

Gattopardi giunti fino a noi

Il romanzo è ambientato tra il 1860 e il 1910, che è un periodo di trasformazioni profonde per l'Italia e per la Sicilia, una terra che sembrava destinata a restare immobile, che per secoli aveva solo cambiato il padrone straniero, ma aveva lasciato intatta ognuna delle sue articolazioni sociali. La fine del Regno delle Due Sicilie, l'unificazione italiana, l'ascesa della borghesia, il declino della nobiltà. Tomasi di Lampedusa dipinge una Sicilia di contrasti, la bellezza naturale e l'arretratezza, il fasto e la miseria, la tradizione e i bagliori di modernità. I palazzi barocchi e i monasteri di Palermo sono assediati e occupati dai garibaldini, ma anche da una decadenza morale che ormai non sa più nascondersi.

La storia si conclude con la morte del principe che avviene nel 1883, nel cuore degli anni in cui la lunga parabola della sua famiglia e di tutta la nobiltà siciliana sta spegnendosi in modo inesorabile. L'autore ambienta l'epilogo vero della vicenda nel 1910, quando troviamo le figlie nubili di Don Fabrizio e Angelica, ormai vedova, avvizzite e dimenticate, anch'esse simbolo del loro mondo che evapora.

Se quel piccolo universo si modificava rapidamente, è chiaro che l'Italia intera non abbia smesso di cambiare negli anni e nei decenni successivi. Perciò, gattopardi ne abbiamo avuti tanti, ma il più ingombrante della storia repubblicana è sicuramente Giulio Andreotti, uno dei protagonisti più controversi e più longevi della nostra scena politica.

Ho raccontato spesso di non aver nutrito grande stima nei confronti della sua leggendaria intelligenza, a me è sembrato piuttosto l'esponente perfetto di quella *aurea mediocritas* nella quale tanta politica della Prima Repubblica ha sopravvissuto per più di quarant'anni. Eppure devo ammettere che ci aveva visto giusto, in quel 13 settembre 1984. Quel giorno pronunciò una frase poi rimasta celebre (anche se non era farina del suo sacco, perché l'aveva detta anni prima François Mauriac): «Amo talmente tanto la Germania che ne preferisco due». A quel tempo, Andreotti era il ministro degli Esteri del governo Craxi. E aveva ragione lui, soprattutto per quello che è avvenuto negli anni successivi, quando siamo stati costretti ad accorgerci della nostra inspiegabile e fastidiosa sudditanza nei confronti della Germania unita di Angela Merkel. Pensiamo soltanto ai pellegrinaggi di Giuseppe Conte, volato più volte a Berlino solo per inchinarsi e rendere omaggio alla premier tedesca. Riconosco perciò in questo caso ad Andreotti la capacità di leggere con anticipo gli eventi geopolitici, ho apprezzato la sua visione realistica e cauta nei confronti dei grandi cambiamenti storici.

Con la sua battuta profetica, esprimeva una profonda preoccupazione per quel processo in corso che presto si sarebbe risolto nella riunificazione delle due Germanie, allora divise in Est e Ovest e separate dal Muro di Berlino. Secondo lui, quella divisione, malgrado fosse il ricordo doloroso della guerra fredda, restava il fattore in grado di garantire un equilibrio instabile ma necessario per un corretto bilanciamento europeo e mondiale. Nel corso di un'intervista che concesse alla Rai, dichiarò che sebbene la caduta del Muro fosse motivo di festa, avrebbe portato con sé conseguenze gravi e imprevedibili. Una Germania enorme avrebbe sovvertito gli equilibri che da decenni tenevano insieme il Vecchio Continente. Sono ancora piuttosto recenti gli anni in cui siamo stati costretti a definire la Germania il motore economico dell'Europa, e quel primato abbiamo scoperto che presto si è trasformato in una fonte di tensioni politiche e sociali, soprattutto durante le crisi economiche, da cui proprio sotto la spinta della Germania nacquero i provvedimenti di austerità che hanno accentuato le divisioni e le tensioni tra il Nord e il Sud dell'Europa.

Quella sottile capacità di essere pessimista deve aver

garantito a Giulio Andreotti quasi mezzo secolo vissuto da vedette della nostra politica. Non è da tutti rimanere a lungo sulla scena, qualche volta può aiutare il talento e qualche volta può aiutare una raffinata capacità di restare a galla, di far apparire che tutto cambi perché in realtà tutto resti com'è. Voi leggete *Il Gattopardo*, e poi guardatevi intorno.

XII

Cristo si è fermato a Eboli

Quel pezzo d'Italia sospesa nel tempo

Una condanna senza appello

Cristo si è fermato a Eboli. Questo non è un titolo, è una sentenza, un anatema rivolto a un'Italia che già si illudeva di essere unita, moderna, cristiana, ma che in realtà ha sempre avuto un confine invisibile e implacabile, e quel confine ideale si chiama Eboli, una città della Campania che segna il limite tra il mondo civilizzato e il Sud profondo, arcaico, dimenticato. Con questa frase, che è diventata famosa e che negli anni è entrata tra i modi di dire degli italiani, Carlo Levi ha messo in chiaro una verità scomoda, anche difficile da pronunciare: la civiltà, la storia, il progresso – incarnati in maniera simbolica da Cristo – si sono fermati a Eboli, e si sono lasciati dietro un'Italia che non ha mai conosciuto la luce e nemmeno la speranza.

Il titolo diventa perciò la metafora perfetta di un paese diviso, totalmente spaccato in due, forse anche in tre parti. Un paese nel quale il Nord continua a correre verso il proprio futuro e il Sud resta incagliato in un passato che sembra antidiluviano, e quasi fuori dalla Storia. Diciamolo pure, un Sud il cui futuro è un fantasma che ancora vaga senza meta. Proviamo da secoli a raccontare un'Italia unita, ma nella realtà resta un mosaico di distanze insanabili. Ogni volta che parliamo del nostro paese dovremmo ricordarci che ne esistono due, tre, quattro, che non hanno nessuna parentela tra di loro, che non si sentono nemmeno cugini lontani.

Carlo Levi era un medico torinese, tra l'altro discreto pittore e intellettuale antifascista. E infatti nel 1935 gli tocca il confino in Lucania a causa delle sue idee politiche. Quella che avrebbe dovuto essere una condanna al silenzio e all'oblio si trasforma invece in un'occasione di scoperta e di denuncia. Levi viene mandato nel piccolo paese di Aliano, che nel libro cambierà il nome in Gagliano, un luogo perduto tra le montagne della Basilicata, nel quale la miseria è estrema e la modernità inesistente.

Più ancora che uno scrittore, Carlo Levi si sentiva di certo un pittore. E devo dire che nella sua prosa si trova interamente questa sua doppia anima artistica. Tutte le descrizioni dei paesaggi, delle persone, delle atmosfere sono veramente vive e intense fino al punto da ricordare tele dipinte con parole. Grazie a lui avvertiamo il calore del sole e anche il freddo intenso delle notti lucane.

Proviamo ora a immaginare un uomo di cultura, e Levi lo era, abituato alle luci di Torino, che si trova catapultato all'improvviso in un mondo in cui la fame, la malaria e l'analfabetismo sono la norma. Qui Levi non è un semplice osservatore, diventa anzi il medico di fortuna del villaggio, entra nelle case, ascolta storie, si immerge in una realtà che in altre parti d'Italia nessuno vuole vedere. Il confino diventa così un viaggio dentro un'esistenza più nascosta, più vera, e tanto più dolorosa.

La Lucania che Levi descrive è una terra aspra, quasi ostile, una porzione di mondo nella quale la natura sembra aver voglia di punire l'uomo per la sua presenza. Montagne brulle, burroni profondi, case di pietra, strade polverose. Ma c'è da queste parti soprattutto una popolazione che vive in condizioni di estrema povertà, di ignoranza e di isolamento. La malaria è endemica, la fame è compagna quotidiana, la speranza è un lusso che nessuno conosce.

Lui racconta questa gente con una pietà estrema, solidale, scopre dentro di sé un profondo rispetto per la loro dignità e la loro capacità di resistere quasi inspiegabile. Sono donne e uomini che vivono in un mondo davvero escluso dal flusso della Storia, qui il tempo scorre secondo ritmi che non mutano e la civiltà cristiana, intesa come progresso e umanità, non è mai veramente arrivata. La religione è rimasta un tratto profondo di superstizione, la giustizia è un concetto astratto e in buona parte ignoto, la vita è una lotta quotidiana contro la fatalità.

L'umanità di Gagliano

Il romanzo è gremito di personaggi indimenticabili, ognuno dei quali ha un ruolo preciso nel disegno sociale del paese.

Il protagonista è lui, Carlo Levi, l'outsider, lo straniero che diventa medico e amico dei contadini. La sua umiltà e il suo altruismo conquistano la fiducia degli abitanti, malgrado una notevole diffidenza che la gente inizialmente gli riserva.

Conosciamo poi il podestà Magalone, un uomo tutto sommato anche di buona cultura e gran sostenitore del regime fascista, che rappresenta l'autorità locale, spesso amministrata con metodi eccessivamente severi. È un personaggio alla fine piuttosto ambiguo, che incarna il potere fascista nel Sud.

Tra le pagine, appaiono il dottor Milillo e il dottor Gibilisco, due medici locali gelosi della loro posizione e perciò ostili a Levi. Le loro figure sono gli emblemi perfetti della piccola borghesia provinciale, tante volte più interessata al potere che ad assistere i bisogni dei loro conterranei.

Un personaggio particolare è don Trajella, l'arciprete, che è anch'egli dotato di ottima cultura, ma sconta il vizio del bere di cui non riesce a liberarsi. È in fondo l'uomo che rappresenta la Chiesa tipica di quella terra, che accetta di convivere con la povertà e con la superstizione, e che sembra rassegnata a non poter accendere alcuna vera speranza.

Giulia è la domestica, ma soprattutto è la strega del paese. Una figura chiave, il simbolo più esplicito della superstizione e della cultura popolare. Nel giorno in cui Levi le propone di posare per un ritratto, lei rifiuta spaventata, teme che l'immagine sulla tela abbia il potere di rubarle l'anima. È un personaggio grottesco e complicato, Levi la descrive come una donna libera, estranea a ognuno degli schemi sociali rigidi praticati nel paese, per questo viene considerata una strega. Prepara filtri magici e pozioni, tutti elementi che nella cultura locale rappresentano una forma di sapere, a volte addirittura di scienza, quando fanno da medicamento e promettono una guarigione, oppure un facilitatore di sentimenti, quando intervengono per creare o rompere un rapporto sentimentale.

L'ex ministro Roberto Speranza viene dalla Lucania, come la gente di Gagliano. Sono abbastanza sicuro che abbia preso una delle pozioni magiche preparate dalla strega Giulia, quell'uomo ha qualcosa di molto potente nascosto nelle tasche, qualcosa che ha convinto prima Giuseppe Conte e poi anche Mario Draghi a tenerselo nel governo. Altrimenti non mi spiego come uno così prima sia stato nominato ministro della Salute e poi sia stato addirittura confermato. Va bene un miracolo, ma speravo sinceramente che i miracoli fossero irripetibili. Alcuni anni fa, quando Twitter ancora si chiamava Twitter, commentai così quella riconferma: «Speranza rimane ministro della Sanità. Ha vinto il Covid».

Ma per la gente del posto i preparati di Giulia sono soprattutto paura e mistero. Del resto, coloro che vivono a Gagliano sembra che un briciolo di speranza possano trovarlo solo in quelle pozioni. Giulia è madre di diciassette figli avuti da quindici uomini diversi, ed è un paradosso vivente anche per questo, poiché incarna una sessualità libera e per nulla convenzionale, altro aspetto che la emargina e allo stesso tempo fa di lei l'unica donna che può lavorare come domestica in casa di un uomo solo, come il medico che viene dal Nord. La sua condizione sociale le garantisce una specie di autonomia che non è concessa a nessun'altra donna del paese, perché qui le donne che hanno onore e che osservano le regole della comunità devono rispettare leggi rigidissime di comportamento, a cominciare dal divieto di avere rapporti con uomini se non in presenza di altri testimoni. Non vi stupirete se dico che a me questa usanza della Lucania di novant'anni fa, questo vincolo così odioso imposto alle donne, ricorda molto qualcosa.

I paladini del multiculturalismo

Sapete bene quante volte mi tocca avere a che fare con l'esercito dei buonisti di professione. Spesso il punto del contendere è l'Islam con il suo tentativo, spesso nemmeno troppo nascosto, di imporre le proprie regole religiose ai costumi occidentali. E se è così, non stiamo parlando di un semplice scontro di culture, ma di un vero e proprio conflitto di civiltà, un duello tra due mondi che sembrano destinati a non capirsi mai. Confesso tra l'altro che io non ho proprio alcuna voglia di capire il loro, non vedo perché dovrei.

L'Islam non è una religione che ammette sfumature o interpretazioni flessibili. È un sistema rigido, implacabile, che pretende solo di regolamentare ogni aspetto della vita umana. Questo accade dalla nascita alla morte, e passa per il controllo dell'abbigliamento, del comportamento sociale, della giustizia e della politica. Poiché tutto, ma proprio tutto, è codificato nel Corano, il loro testo sacro che detta l'esistenza all'umanità e non ammette repliche.

Ecco perché parlare di integrazione con l'Islam è come cercare di mescolare l'acqua e l'olio. Non si può pretendere che una religione che considera la donna un essere inferiore, che prescrive punizioni corporali, che non distingue tra potere spirituale e temporale si adatti alle nostre leggi democratiche e ai nostri valori di libertà e uguaglianza.

Prendiamo il velo, che resta ancora oggi il simbolo più visibile e discusso della presenza islamica in Occidente. Per molti musulmani è un simbolo di fede, ma altri lo intendono come un evidente segno di oppressione. Non possiamo raccontarci storie, quello non è un accessorio frivolo, ma un'imposizione che ha il compito preciso di nascondere il volto della donna, di renderla invisibile, e di fatto di sottrarle oltre che il diritto di apparire anche quello di far sentire la propria voce.

Siamo la società occidentale che da decenni combatte per i diritti delle donne, per la parità e per la libertà di espressione. Vedere nel nostro tempo donne che sono costrette a coprirsi dalla testa ai piedi è uno schiaffo in faccia per tutti noi. Il messaggio che viene da quel mondo è chiaro, la donna non è libera, la donna deve obbedire e deve nascondersi.

C'è in giro qualche condottiero del multiculturalismo che può definire la Sharia una legge compatibile con la nostra democrazia?

Purtroppo c'è, e bisognerebbe spiegargli che il problema non sono solo il velo o le questioni strettamente legate ai costumi. L'Islam è anche un sistema politico e giuridico che non pone alcuna distinzione tra religione e Stato. La legge islamica, la Sharia, è autorizzata a regolare ogni aspetto della vita, dalla famiglia alla giustizia penale, e mi pare che non occorra grande conoscenza giuridica per accorgersi che tutto questo è in palese contraddizione con i principi democratici occidentali.

In molte delle comunità musulmane che si sono stabilite in Europa si cerca di applicare comunque la Sharia in modo più o meno esplicito, a costo di creare una doppia giustizia che mette continuamente in pericolo l'unità dello Stato e la coesione sociale. Ora, capisco che la questione si intrecci con i drammi causati più in generale dall'immigrazione, ma resta il fatto che chiunque si permetta di criticare il fenomeno dell'applicazione clandestina della Sharia viene immediatamente accusato di islamofobia o peggio di razzismo. Come se la difesa della propria cultura, delle proprie leggi e dei propri principi democratici fosse improvvisamente diventato un crimine. O come minimo un'idea bizzarra di cui vergognarsi.

Il fallimento dell'integrazione

L'idea che l'Islam possa integrarsi pacificamente nelle nostre società è una favola per bambini. I fatti parlano chiaro, e parlano chiaro da anni, nelle periferie delle nostre città si creano ghetti culturali nei quali le regole islamiche prendono il sopravvento su quelle dello Stato. In più le scuole islamiche sono fatte apposta per insegnare una versione distorta della realtà, le famiglie educano i figli secondo precetti medievali e, per non farci mancare niente, le associazioni islamiche spesso diventano centri di propaganda.

Quale pensate che sia il risultato con queste premesse? Giovani che crescono con un doppio codice morale, che rifiutano i valori occidentali e che presto o tardi si radicalizzano. E noi intanto restiamo a guardare, del tutto paralizzati dal politicamente corretto, incapaci di affrontare la realtà con il coraggio e la serietà che invece sono indispensabili.

L'altro punto dolente è la libertà di espressione, che qualcuno da tempo mette sotto attacco. In Occidente, criticare una religione o mettere in discussione certe pratiche è un diritto primario, fondamentale. Mentre sappiamo che con l'Islam la situazione è piuttosto diversa. Chi dovesse azzardarsi ad avanzare dubbi, perplessità, critiche viene accusato di islamofobia quando gli va bene. Più spesso subirà vere e proprie minacce, e talvolta persino persecuzioni.

È un clima di intimidazione che limita il dibattito pubblico e impedisce di affrontare i problemi reali. Non possiamo pensare di costruire una società libera e aperta fino a quando non si avrà il coraggio di parlare chiaro, di mettere in discussione anche le religioni. Al culto abbiamo il dovere di concedere rispetto, non quello di accettarne la censura.

Non possiamo peraltro dimenticare che molte pratiche islamiche sono in palese contrasto con i diritti umani che noi riteniamo fondamentali. La pena di morte per apostasia o blasfemia, la discriminazione delle donne, la repressione delle minoranze religiose, tutte realtà che non vedo perché dovremmo ignorare.

Eppure, in tanti vanno in giro con l'idea di imporre a tutti noi l'obbligo del rispetto culturale, e in suo nome si accetta di chiudere gli occhi. Ma ormai è chiaro che il rispetto sta diventando complicità. Difendere i diritti umani significa anche condannare senza mezzi termini chi li viola.

Chi comanda qui da noi? E poi mi chiedo ancora: vogliamo davvero convivere con chi non rispetta le nostre leggi, i nostri valori, la nostra libertà? Non ho paura di esprimere il mio no più convinto. Perché la libertà non è negoziabile, e chi non la rispetta non si è guadagnato il diritto di restare.

Così come viene interpretato e praticato oggi da molti, l'Islam è un sistema che non può integrarsi con la nostra civiltà, a meno che non impari a rinunciare a se stesso. Se vuole restare su quella che da millenni è la nostra terra, capisca perciò di doversi adattare.

Ciò che veramente resta misterioso è la doppia faccia della sinistra italiana, un fenomeno da manuale di contraddizione e di ipocrisia. Da un lato, si presentano come i paladini della libertà, della laicità, dei diritti civili e delle battaglie contro ogni discriminazione. Dall'altro, ogni volta che c'è da confrontarsi con l'Islam, che disprezza e calpesta a uno a uno esattamente quei valori, la sinistra si trasforma in un acrobata del doppio gioco, diventa a un tratto capace di giustificare l'ingiustificabile con una disinvoltura che lascia basiti.

So bene che non è una novità, ma resta comunque sorprendente vedere come proprio coloro che sostengono di essere i depositari della libertà di pensiero e dell'indipendenza dalle religioni si pieghino poi a un multiculturalismo a senso unico, che finisce per tutelare più le sensibilità religiose islamiche che i diritti delle donne, degli omosessuali o di chiunque osi dissentire dal dogma. La sinistra si è messa in testa che difendere l'Islam sia un dovere morale superiore a qualsiasi altra considerazione.

E così, solo in teoria si proclamano a gran voce i valori della laicità, nella pratica si chiudono gli occhi davanti a segregazioni di genere, a leggi islamiche che negano la libertà di culto e di espressione, a pratiche che in qualsiasi altro contesto verrebbero bollate come vergognosa intolleranza o anche peggio. E possono bastare le considerazioni che sto facendo per meritare io stesso l'etichetta di razzista e islamofobo.

La sinistra italiana vive in un mondo parallelo nel quale la libertà è un concetto elastico, da piegare a seconda della convenienza politica del momento. Se si tratta di difendere i diritti civili degli italiani, allora sembra in prima fila. Ma appena quegli stessi diritti rischiano di urtare la sensibilità della comunità islamica, allora la sinistra si fa da parte, abbassa la testa e lascia campo libero a chi quei diritti non vede l'ora di cancellarli.

Siamo alla solita tecnica di chi si nasconde dietro il politically correct. Si sventola la bandiera dell'antirazzismo e dell'antifascismo, e intanto si fa il tifo per coloro che quei valori li disprezzano in obbedienza al loro libro sacro.

La questione lucana

Il periodo in cui Levi sconta il suo confino, dal maggio 1935 al maggio dell'anno successivo, permette di comprendere il contesto del romanzo. In quella fase storica, il Mezzogiorno resta nelle mani di latifondisti e baroni che proseguono un sistema feudale di sfruttamento. La malaria è endemica, le infrastrutture inesistenti, l'istruzione quasi assente. La popolazione vive in condizioni di estrema miseria, senza alcuna prospettiva di riscatto. Il regime fascista usa il confino come strumento di repressione politica, ma anche per isolare e controllare territori considerati problematici. Con la sua cultura e la sua sensibilità, Levi si trova così a scoprire un'Italia che il regime non ama esibire, un'Italia che non ha alcuna possibilità di rientrare nel racconto ufficiale di progresso e unità nazionale.

Cristo si è fermato a Eboli diventa allora molto più che un semplice diario di confino, assume la forma di una denuncia feroce contro l'abbandono del Sud. Levi è un antifascista convinto, e quasi non gli pare vero di ritrovarsi con l'occasione di mettere a nudo l'inefficienza dello Stato, la corruzione delle autorità locali, la miseria delle masse contadine.

Leggerlo oggi costringe a rifare i conti con un'Italia a cui non sono bastati i decenni trascorsi, e che ancora mostra molte di quelle ferite aperte che Levi raccontò poco meno di un secolo fa. Il nostro Sud continua a soffrire di un ritardo economico e sociale cronico, continua a ritrovarsi con infrastrutture carenti, con una disoccupazione elevatissima e un'emorragia di giovani che fuggono in cerca di futuro, emorragia che non si riesce a fermare. La civiltà, la giustizia sociale, la dignità sembrano ancora tutte bloccate a Eboli.

Molti ricorderanno che qualche anno fa mi è toccato un processo con l'accusa di incitamento all'odio razziale. Secondo chi mi ha querelato, costituivano un reato le occasioni in cui avevo definito «inferiori» i meridionali e avevo poi sottolineato che tra il Nord e il Sud d'Italia c'è «un abisso». Nel settembre 2024, un tribunale di Roma mi ha totalmente assolto: il fatto non costituisce reato. Pensate, la denuncia nei miei confronti era stata presentata da un ex senatore del Movimento 5 Stelle, tale Saverio De Bonis, mi dicono originario di Irsina, che è in provincia di Matera proprio come la Aliano di Carlo Levi. Se solo il tribunale romano mi avesse condannato al confino, sarei andato a trovarlo.

XIII
Il deserto dei Tartari
Viviamo nell'attesa di un futuro che non arriva mai

Il racconto dell'immobilismo

Con *Il deserto dei Tartari* Dino Buzzati ha scritto un romanzo che più italiano non si può. Un libro straordinario in cui l'autore prova a non far accadere nulla, ma proprio nulla, un libro che parla di attesa, di noia, di una vita sprecata nell'illusione di un nemico che non arriva mai. Il protagonista è Giovanni Drogo, il simbolo perfetto di quella parte d'Italia che si culla nell'immobilismo, sperando nella grande occasione che non arriverà mai.

È pieno di personaggi in divisa, asserragliati nella loro Fortezza Bastiani, ma sbaglia chi crede che questo sia solo un romanzo di formazione o un racconto di guerra. È invece la fotografia spietata di un'Italia che si perde nel tempo, che si aggrappa a illusioni, e che soprattutto aspetta. Aspetta sempre qualcosa, un cambiamento, una svolta, un nemico da combattere, una gloria da conquistare. E invece, nulla. Solo il deserto, il silenzio, la polvere. Apparentemente, aspettare può sembrare comodo, può somigliare al piacere del non far nulla, in realtà spesso nasconde l'angoscia, l'incapacità di agire, quel niente più grande di noi al quale proprio non riusciamo a sottrarci.

Ho visto passare sulla mia strada generazioni di politici, di giornalisti, di burocrati e di personaggi di ogni risma, questo mi ha insegnato soprattutto che la Fortezza Bastiani è ovunque. È nelle istituzioni, nei palazzi del potere, nelle redazioni dei giornali, nelle stanze dei bottoni. È un luogo in cui scegliamo soltanto di aspettare, di rimandare, di prendere tempo e perdere tempo.

Vediamola bene, la Fortezza Bastiani, che ha tanto l'aria di un carcere dorato per aspiranti eroi. Giovanni Drogo ci arriva con l'entusiasmo tipico di un giovane ufficiale, convinto che quella sarà solo una tappa breve nella sua carriera. Non può immaginare che quel luogo è chiamato a segnare il suo destino, rimarrà lì per anni, intrappolato in un posto isolato nel quale il tempo sembra essere paralizzato. La fortezza è lo specchio di tante istituzioni italiane. Enti inutili, uffici pubblici ancora più inutili, commissioni parlamentari che non servono a niente, ma in cui tutti si affannano per entrare.

Il senso della divisa

A metà degli anni Sessanta sono stato anch'io un militare. Allora la legge prevedeva la leva obbligatoria, che naturalmente è toccata anche a me. Credo di aver imparato a quel tempo quali siano le differenze tra servizio civile e servizio militare. Qualcuno di voi ricorda Roberta Pinotti? Per ben quattro anni è stata la ministra della Difesa, se non ricordo male nei governi di Renzi e di Gentiloni. A un certo punto del suo incarico, era maggio 2017, ebbe un'idea che già allora mi vidi costretto a definire stravagante. Voleva riportarci indietro nel tempo, pensò di risalire all'epoca della leva obbligatoria. Secondo lei, inizialmente l'obbligo doveva partire dal solo servizio civile, poi si sarebbe eventualmente esteso a quello militare. Immaginiamo ragazzi reclutati oggi, costretti a lasciare la casa, gli studi e magari anche un'occupazione per dedicarsi a cosa, a quale tipo di attività? Non si capisce. A meno che non abbiamo voglia di parcheggiare per un anno i ragazzi che non trovano un lavoro. Ma questa dovremmo chiamarla sconfitta, non leva obbligatoria. Sarebbe nient'altro che una stupidaggine assoluta. Conosco persone che nel passato per scelta ideologica hanno fatto richiesta di servizio civile in sostituzione di quello militare. Mi hanno poi raccontato di essere stati impiegati in biblioteche, in enti assistenziali e in altre attività del genere. La verità è che hanno soltanto perso dodici mesi di tempo, lo Stato li ha tenuti bloccati per un anno, chiedendo loro di girarsi per favore i pollici in nome della difesa della nazione. Mi domando davvero che senso abbia rimettere in piedi una leva di questo tipo. Ho imparato nel corso dei miei tanti anni che lo sport preferito di molti nostri governi è buttare miliardi nella spazzatura, ma io sono un ingenuo e continuo ad aspettarmi che prima o poi smettano.

Quando indossai la divisa avevo poco più di vent'anni, ero ancora un universitario. La destinazione del Car fu Orvieto, dove mandavano gli atleti. Io fui sistemato in fureria, e lì svolgevo mansioni d'ufficio. Ero praticamente un impiegato. Quando cominciava a farsi sera, intorno alle 18, appariva il pallone e si attaccava con le partite di calcio. Avevo commilitoni dai nomi illustri, tra questi c'era addirittura Gianni Rivera. E poi altri calciatori i cui nomi forse oggi dicono poco, ma che all'epoca si sono fatti onore in serie A. Ricordo per esempio Alberto Spelta, e ricordo soprattutto Vittorio Carioli, che giocava nell'Atalanta e che poverino morì prematuramente, il pensiero di quel ragazzo meraviglioso non mi abbandona mai.

Presi la naia come una vacanza lunga e anche piuttosto piacevole. Qualche soldo riuscivo a guadagnarlo senza troppa fatica. In ogni caso, posso dire che ero un soldato, ma un soldato vero. La leva mi permise di conoscere tantissimi ragazzi italiani miei coetanei, scoprii che molti erano analfabeti, ma incontrai soprattutto compagni generosi e preparati, tutti si rivelarono amici sinceri di cui non ho mai perso il ricordo. Era diverso, era un'altra Italia, e a quel tempo la naia aveva i suoi buoni motivi per esistere, soprattutto dal punto di vista educativo e formativo. Ma anche allora, per tanti non era altro che un dazio da pagare ingiustamente.

Madame Pinotti apparteneva a coloro che quei tempi volevano riproporceli in una versione civile. Per fortuna, non ha più questo incarico da un bel po' di anni. Ma se un ministro è convinto che siano queste le proposte che fanno bene al paese, io preferisco che cambi mestiere.

L'attesa infinita

Il vero protagonista del romanzo di Buzzati è l'attesa. Drogo e i suoi commilitoni aspettano i Tartari, un nemico che sembra perennemente sul punto di arrivare, ma che poi per un motivo o per l'altro non si fa mai vedere. È un'attesa che pagina dopo pagina somiglia sempre più a una condanna, una specie di prigione mentale che impedisce di vivere davvero.

Buzzati ha avuto un occhio sensibilissimo e ha colto in effetti un antico vizio degli uomini, cercare il modo migliore per impedirsi di vivere, almeno per impedirsi di vivere serenamente. Disastri ne abbiamo già tanti, e anche quelli in gran parte ce li creiamo da soli, e non è difficile risalire alla causa, sappiamo che sono il frutto della nostra avidità, del bisogno di prevalere. Le guerre sono questo, nient'altro. E appartengono alla storia del mondo, non conosciamo epoche di pace prolungata, in cui gli uomini non si siano combattuti tra loro per un pezzo di terra in più, per assicurarsi l'oro o per imporre il proprio Dio.

Poi ci sono quelli a cui le guerre vere e proprie non bastano e se ne inventano di nuove. L'esercito degli ambientalisti ce lo ritroviamo da anni in giro per il mondo con il saio di Savonarola. Ricordati che devi morire. Si sono dati da soli l'incarico di avvertirci che il pianeta soffre, non sanno quanto soffriamo noi che siamo costretti a sopportare loro. Credono che salvare il pianeta significhi bloccare strade su cui viaggia gente che si muove per sbrigare i propri affari e le proprie necessità. Chiamatelo pure ambientalismo, io lo chiamo cretinismo molesto. Eppure c'è una larghissima parte della sinistra che coccola questo esercito di rompiballe. E lo stesso fanno tanti cervelloni comodamente seduti a Bruxelles. Ammoniscono, allarmano, provano in ogni modo a toglierci il sonno, ma poi continuano a comportarsi come ci comportiamo tutti noi, infischiandosene dei loro stessi avvertimenti. Ormai la roccaforte delle istituzioni europee è un'enorme Fortezza Bastiani. Si vive in attesa di un nemico, e pazienza se lo aspettano da anni e nemmeno hanno capito chi sia. Aspettano, non nelle casematte come il sottotenente Drogo, ma su comode poltrone compensate, tra stipendio e benefit, con quasi 20.000 euro al mese. Poltrone su cui capisco che poi resti solo la voglia di aspettare.

Ursula von der Leyen si è eletta da sola regina della rivoluzione verde in Europa. È lei il grande sponsor dell'European Green Deal, ed è lei che dal 2019 sostiene le iniziative di Greta Thunberg, la sacerdotessa bambina di ciò che ormai tutti chiamano transizione ecologica.

Von der Leyen è l'ennesima paladina dell'ambientalismo, infatti aveva giurato di tagliare entro il 2030 almeno il 55 per cento delle emissioni di gas serra rispetto al 1990. Un obiettivo così ambizioso da sembrare una barzelletta, ma che calza a pennello con la retorica ritrita della sinistra. C'è tuttavia una notizia che la signora di Bruxelles non diffonde, della quale forse la sua coscienza verde nemmeno si accorge. Nel solo 2023 si è concessa ben ventitré voli in jet privato, una media di uno ogni due settimane, spesso per tratte brevissime, dove l'aereo risulta più un vezzo che una necessità.

Sappiamo quindi che la nostra Ursula, persino quando deve raggiungere le sedi dei summit internazionali per pontificare sul cambiamento climatico, non rinuncia a far rombare i motori del suo aereo personale. Dopodiché, con aria disinvolta e solenne, ci spiega quanto sia fondamentale ridurre le emissioni di CO_2 per salvare il pianeta. Ditemi voi se stiamo viaggiando più sul terreno dell'ipocrisia oppure dell'arroganza pura. Perché è chiaro che questo sia disprezzo, disprezzo plateale nei confronti dei cittadini europei, presi per i fondelli ogni volta che si può.

Non basta appellarsi allo spirito di servizio, e nemmeno al dovere istituzionale, per giustificare voli di 100-200 chilometri, distanze che si possono tranquillamente coprire in treno o in auto. Soprattutto non può farlo una che si dichiara ambientalista convinta in ogni occasione istituzionale. Recentemente, Ursula ha usato il jet per spostarsi da Bruxelles a Lussemburgo, dunque per un viaggio di 180 chilometri, ancora meno della distanza che divide Milano da Bologna. Se davvero tieni al clima, prendi un treno e in un'ora sei a destinazione. Ma immagino che gli ambientalisti preferiscano il comfort, e allora un jet fa più al caso loro.

Tutta la retorica della sinistra si sgretola davanti al desiderio di lusso e di agi, quello che alla fine coltivano tutti, da qualsiasi parte stiano. Tanto esperta di ecologia, Ursula von der Leyen sa benissimo che i jet privati sono tra i mezzi più inquinanti in assoluto, con emissioni di gas serra cinquanta volte superiori rispetto a un viaggio in treno. Uno studio fatto proprio da Greenpeace spiega che un'ora sola di volo in jet privato, peraltro molto più dannoso di un volo di linea, produce quasi un terzo delle emissioni annuali medie di un cittadino europeo. Questi dati raccontano in modo chiaro che la signora della rivoluzione verde è tra i cittadini europei che più contribuiscono al riscaldamento globale, quello che ogni giorno sostengono di voler combattere. È l'ennesima prova vivente che l'ideologia ecologista della sinistra non nasce da un vero amore per l'ambiente, ma da una strategia utile a darsi una facciata, a impadronirsi di ciascun tema in cui affiori un'apparenza di responsabilità o di solidarietà. C'è chi può e chi no, è questo il vero volto della grande menzogna spacciata per sensibilità verde. Un lusso per pochi, un sacrificio per tutti gli altri.

Tutti fermi

Romano Prodi ha guidato i primi governi di centrosinistra della Seconda Repubblica. Doveva rendere concreta la grande riscossa del popolo rosso dopo la terribile oppressione berlusconiana. Non è accaduto assolutamente nulla, tutto è rimasto dov'era, amici e nemici. Il governo della svolta era in realtà il governo della grande paralisi, bloccato nei suoi stessi dubbi.

E anche quando non ti piace aspettare, il mondo che hai intorno ti costringe a farlo. Lo stesso Silvio Berlusconi è stato obbligato a tenere il paese in attesa, ma diciamo che i suoi nemici erano un po' meno invisibili. Per anni, la magistratura ha fatto di lui un bersaglio, e sono sicuro che anche lui abbia ogni tanto usato quella persecuzione come un pretesto. Doveva realizzare la grande svolta liberale, se n'è andato e quella svolta resta lì, più o meno intatta. Ha cambiato il paese, gli ha dato un profilo conservatore che per quarant'anni non era stato possibile realizzare, malgrado ciò a buona parte del mondo politico che aveva intorno piaceva prendersela comoda, era più abituato a incrociare le braccia e attendere. Nemmeno l'imprenditore più abile e frizzante della nostra storia repubblicana ha potuto attaccare le fondamenta della nostra inveterata e intoccabile attitudine al vuoto.

I Tartari non arrivano mai, ma fanno comunque danni. Matteo Renzi voleva rottamare, spazzare via ogni residuo di vecchia Italia, era giovane e aveva la faccia giusta per rappresentare un paese che provava a svecchiarsi. Anche lui ha annunciato una rivoluzione che non è arrivata mai, intrappolato in un deserto di attese e promesse non mantenute. Un altro Giovanni Drogo in giacca e cravatta.

Il romanzo ci racconta che il vero Drogo rinuncia a tutto, rinuncia all'amore, alla carriera, alla vita civile. La sua esistenza si riduce a una monotonia fatta di gesti ripetuti e di attese senza fine. Viene solo da chiedersi se i Tartari di Buzzati siano un nemico che esiste davvero o solo un pretesto per giustificare il nostro bisogno di non fare nulla.

E l'esito fatale di questo nulla non può che essere la morte. Alla fine, Drogo muore senza aver mai visto il nemico, e senza aver mai vissuto davvero. La sua fine è una sconfitta che lascia un messaggio, vivendo come ha vissuto ha solo sprecato l'esistenza nell'attesa di qualcosa che non sarebbe mai arrivato.

Il deserto dei Tartari appartiene a quei romanzi che ti fanno venire la voglia di prendere a calci la sedia su cui sei seduto. È semplicemente la storia di un giovanissimo sottotenente, il nostro Giovanni Drogo, che si fa spedire in una fortezza sperduta nel deserto più totale, convinto di diventare presto un eroe, di essere chiamato a vivere avventure epiche e di scrivere la sua gloria sulle pagine della storia militare. Peccato che le illusioni siano cieche, spesso non si accorgono che gran parte della realtà è solo fatta di noia. La fortezza in cui si ritrova non è altro che un posto dimenticato da Dio e dagli uomini, nel quale l'unica guerra che si combatte è quella contro il tempo che scorre lento, lentissimo, come una tangenziale bloccata dagli ambientalisti.

Drogo arriva pieno di entusiasmo, ha gli occhi che brillano, ma presto si rende conto che la sua unica compagna è l'attesa. Il nemico che aspetta, i temutissimi Tartari, potrebbero arrivare da un momento all'altro, armati e pericolosissimi, potrebbero spuntare all'improvviso da quel deserto desolato e minaccioso che si vede oltre il confine della fortezza. Giorno dopo giorno, e poi anno dopo anno, la vita è un susseguirsi di speranze tradite, di sogni che si sbriciolano come fatti di polvere. Uno dopo l'altro, i compagni di Drogo partono, muoiono o si rassegnano, lui invece resta lì, incatenato a un destino che è sempre più noia e illusioni.

Il romanzo è uno specchio in cui sei costretto a guardarti, ci leggi dentro quanto abili siamo a farci fregare dalle nostre stesse aspettative. Convinti che la nostra vita acquisterà finalmente senso appena arriverà il momento decisivo, la grande occasione grazie alla quale ci sentiremo vivi. Intanto il tempo passa, trascorre inesorabile, e noi restiamo lì a guardare ciò che non esiste.

Buzzati ha una penna elegante e malinconica, sa dare un quadro perfetto della tragicommedia umana, ci sbatte davanti il miraggio di un destino eroico che si dissolve nella routine fatta di attese e rinunce. Questo non è mai un romanzo di azione o di eroismo, qui si muore di noia, di rimpianti, di tempo dissolto. Nel giorno in cui la battaglia arriva, Drogo è ormai vecchio e malato, non è in grado nemmeno di partecipare, la sua lunga illusione diventa rinuncia. Muore dimenticato, senza alcuna gloria, senza nemmeno un applauso. Ha aspettato invano la battaglia da vero soldato, capirà troppo tardi che i soli Tartari che nella nostra vita prima o poi arrivano non portano guerra e nemmeno gloria. Tutto è più banale, al di là della pianura arida che si estende oltre le mura della fortezza non c'è altro che la morte.

XIV

Ferito a morte

La decadenza di una borghesia che non sa crescere

L'amore che ti sbrana

Questo è un libro che ti prende a schiaffi, ma tu leggendolo non te ne accorgi, almeno non subito. È come quella zia che ti fa tanti complimenti accompagnati da un sorriso, ma che poi ti spara una verità così cruda da lasciarti senza parole. La Capria è quella zia, e Napoli è il suo terreno di caccia.

Chi crede che la letteratura italiana sia fatta solo di Dante, di Manzoni e di qualche romanzo d'amore un po' sdolcinato, si sbaglia di grosso. *Ferito a morte* è un capolavoro che racconta Napoli come forse nessuno aveva mai fatto prima e direi nessuno è riuscito a fare dopo, senza filtri, senza retorica, con una spietatezza che sa fare anche male. Se esiste un modo per provare a comprendere l'Italia di oggi, con la dotazione completa delle sue contraddizioni, direi che si può partire proprio da qui.

Napoli è una città che ti ama come una madre, ma ti tradisce come un'amante infedele. La Capria mostra questa doppia faccia con una precisione da chirurgo. Il protagonista, Massimo De Luca, è un giovane borghese che decide di lasciare Napoli per trasferirsi a Roma, ma Napoli non lo lascia andare davvero. Sembra che la città si comporti come un vampiro che ti succhia l'anima, lasciandoti esangue, ferito a morte.

Il romanzo si apre durante i bombardamenti del 1943, un momento storico che è simbolo della distruzione fisica del paese e soprattutto di quella morale. La guerra è il contesto, ma la vera battaglia è quella interiore di Massimo, che si confronta con il passato, con le radici, con un'identità che in nessun modo riesce a scrollarsi di dosso.

Ricordo bene quando ero un giovane giornalista e lasciai la mia provincia per andare a Roma, avevo le stesse speranze di Massimo. Pensavo di trovare un mondo migliore, magari competitivo, ma nel quale prevalesse sempre il merito, un mondo che immaginavo più giusto. Invece mi sono trovato in un sistema ancora più chiuso di quanto non lo fosse la mia provincia, fatto di clientele, di raccomandazioni e di giochi continui a caccia del potere. Napoli, Roma, Milano. Possiamo cambiare la città, ma il vizio resta, è sempre quello. Per questo *Ferito a morte* è un romanzo su Napoli, ma non è un romanzo solo su Napoli.

Il galateo al contrario

La Capria non fa nessuno sconto alla borghesia napoletana, la ritrae anzi come un microcosmo di ipocrisie, ammalato di viltà e di superficialità. È davvero un galateo rovesciato, nel quale la morte stessa diventa parte dello spettacolo, e nessuno si cura più di niente. La Capria ci mostra un Sud che non ha il coraggio di cambiare, e un Nord che ogni tanto lo usa. Un'Italia divisa, ferita a morte, appunto.

La nostalgia è una bestia crudele. Nel romanzo, Massimo rimpiange quella giornata perfetta che non tornerà mai più. Con il suo mare, il sole, i vicoli stretti, Napoli è un paradiso perduto. Ma è anche un inferno che ti consuma lentamente. Carla Boursier, la donna che Massimo incontra durante un bombardamento, è la personificazione di questa città: bella, ribelle, e a volte così crudele.

Ho conosciuto tanti profili di Napoli, l'ho vista sorridere e piangere, prosperare e decadere. È difficile amarla senza farsi male, perché Napoli è un teatro di passioni e miserie, di bellezza e degrado. Ha ragione chi dice che sembra uno dei possibili riassunti del nostro paese, un grande spettacolo in cui la realtà si nasconde dietro le quinte e il pubblico è stanco di applaudire.

L'anomalo

La scrittura di La Capria è un ricamo, un'arte sottile, è sempre elegante fino a sembrare una musica. Ma poi all'improvviso diventa tagliente, ogni frase è calibrata per colpire al cuore, per far avvertire a chi legge il peso amaro della nostalgia, il dolore della perdita. Non aspettatevi dialoghi frenetici né colpi di scena, qui si avanza con l'obiettivo di assaporare ogni parola, come si fa con la sofferenza più autentica.

Ed è proprio questa delicatezza che mi ha sempre fatto apparire *Ferito a morte* un romanzo unico, quasi un corpo estraneo rispetto alla più classica letteratura italiana. È un libro fortemente napoletano che a volte sembra appartenere a un mondo straniero, in cui la tradizione è un fantasma sbiadito, oppure un bersaglio che va al più presto colpito e fatto a pezzi. Il clima è così fortemente napoletano, eppure stranamente così poco italiano. Non puoi permetterti il lusso di leggerlo distrattamente, anzi devi portargli rispetto e seguirne la traccia con ossequio.

Lo considero per questo un capitolo anomalo della nostra editoria, un'opera irregolare che sgretola ogni attesa, che rompe i canoni e che se ne frega di quello che ti aspetti. Se La Capria non fosse nato a Posillipo, gli avrei detto che è uno *svèrgol*. Pochissimi potranno intendere cosa vuol dire. È una parola che mille anni fa mi appiccicò addosso monsignor Andrea Spada, il mio primo direttore, all'epoca in cui cominciavo a fare il giornalista. Intendeva dire che ero un tipo sghembo, uno impossibile da mettere a fuoco. Devo ammettere che è un giudizio che condivido, e che probabilmente mantiene oggi gran parte della sua autenticità. Del resto, monsignor Spada non può essere catalogato tra gli esseri umani ordinari, come lo siamo tutti noi. Parliamo di un uomo che è stato ininterrottamente direttore di un quotidiano, «L'Eco di Bergamo», dal novembre 1938 all'ottobre 1989. Cinquantuno anni filati a dirigere una redazione, devi per forza avere poteri sovrannaturali per potercela fare.

Una mattina come le altre entro in redazione, il percorso prevedeva un corridoio lungo, tipo quello di un albergo. Lui esce all'improvviso da una delle stanze, non mi dà il tempo di salutarlo, ha già iniziato a coprirmi di insulti, e urla come un ossesso, riesco a stento a capire che è furioso a causa di un articolo uscito quel giorno sul nostro giornale. Non si ferma, io intanto sono totalmente smarrito, a un tratto però intuisco che sta parlando di un pezzo del quale non mi ero occupato io, non c'entravo niente, ma era impossibile dirglielo, era così rovente che in nessun modo potevo inserirmi in quella strigliata violentissima. Alla fine, quando si calma almeno un po', provo a balbettare qualcosa, a discolparmi. Gli spiego in due parole che sta parlando di un articolo scritto da un altro. Ma lui non abbassa nemmeno un po' il tono della voce: «*Fa negòtt!*» mi dice. Cioè, questo non conta niente. «Perché sei anche tu un fesso incapace come tutti gli altri.»

La maschera che non vedi

Inevitabilmente, il titolo del romanzo ci fa chiedere se la Napoli contemporanea sia tuttora ferita a morte. Oppure se nel mezzo secolo abbondante che è trascorso da quando è stato scritto la città ha trovato il tempo per guarire, o per morire.

Continuo a pensare che una risposta sia impossibile, impossibile per tutti, napoletani compresi. Perché Napoli ha la capacità straordinaria di nascondersi, soprattutto quando ti si offre, quando esibisce tutta se stessa. È proprio allora che fatichi a interpretarla, non saprai mai se quell'immagine che hai davanti è un volto che puoi provare a capire o soltanto una maschera che copre la verità.

Le ferite di Napoli sono le ferite dell'Italia intera. Restiamo un paese diviso, spezzato da un confine forse insanabile tra Nord e Sud, eppure condividiamo tanti dolori, alcune speranze e tanta rassegnazione. Il Sud di La Capria fatica a scrollarsi di dosso il peso della sua storia. L'Italia si illude di cambiare, ma resta intrappolata nelle sue contraddizioni. È il destino di questo paese, e lo troviamo interamente custodito nelle pagine dei suoi capolavori.

Il bisogno di cambiare, il bisogno di restare se stessi. È il grande dilemma che abbiamo incontrato in tanti dei libri che abbiamo visitato. Quanto è difficile equilibrare la capacità di trasformarsi, di aggiornarsi, con la propria coerenza, con l'esigenza di sentirsi perseveranti, di restare ciò che si è sempre stati.

Qualcuno mi dice che non cambio mai, qualcun altro mi fa notare che la mia è la vita di un camaleonte. Tutte le volte in cui sono cambiato, ed è accaduto, non l'ho mai fatto per interesse. In quel preciso istante mi è sembrato il modo migliore per adattarmi al lavoro che mi veniva chiesto. Mi sono solo imposto alcune linee morali a cui non voglio derogare, col passare del tempo posso anche rivedere alcuni miei comportamenti e tante mie opinioni, ciò che voglio lasciare intatte sono la mia lealtà e la mia franchezza. Spesso mi hanno fatto notare che una volta ero segretario provinciale dei giovani socialisti e poi sono diventato un severo anticraxiano. Perché non andate a chiedere al Partito socialista di allora? Forse erano loro ad aver cambiato idee, non io. A un tratto, e non fui certo il solo, mi accorsi che il Psi si era rifugiato in una torre d'avorio, ma quel che è peggio è che tutti avevano preso a rubare. Poi, però, mi fanno notare che successivamente sono diventato leghista. È avvenuto, in effetti, ma in una fase storica precisa, quando ho pensato che fosse giusto esserlo. Se poi, dopo qualche anno, ascolto Umberto Bossi difendere le Province, ci metto un attimo a sentirmi molto meno leghista. Naturalmente, in tantissimi mi hanno anche chiesto perché sono diventato berlusconiano. So di non aver mai fatto parte degli ultras di Silvio Berlusconi, ma bisogna ammettere che delle sue capacità era facile avere grande stima. E d'altronde, a quell'epoca, non potevate mica aspettarvi che mi schierassi dalla parte di un Bersani o di un Veltroni.

Berlusconi aveva ragione, l'aveva capito subito, in politica è difficilissimo combinare qualcosa. Qualunque proposta tu avanzi, qualunque idea ti venga in mente di realizzare, avrai sempre qualcuno che ti attacca, qualcuno contro. L'opposizione, i sindacati, il presidente della Repubblica, la Corte costituzionale. Non hai scampo, non puoi muoverti. Quando c'era, quando ci rappresentava poco più di trent'anni fa, la Prima Repubblica mi faceva schifo. Sapete bene come vissi la stagione di Mani Pulite, ci credevo, pensavo sinceramente che quella fase fosse la grande occasione per una rivoluzione morale e politica del paese. L'idea di una Seconda Repubblica mi faceva star bene, ero certo che sarebbe stata migliore. Sbagliavo, non ho alcun problema ad ammetterlo. In questi ultimi trent'anni, qualche volta ho pensato che siamo finiti anche peggio. Ma forse la mia è solo nostalgia, ormai dovrei averlo imparato che non conta la stagione e che la politica non modifica la propria anima, indecente era ieri e indecente è oggi.

Il dolore della verità

Non sempre la verità è un merito, a volte è solo una scelta. In certi casi, anche molto dolorosa. La Capria sceglie sicuramente la verità rispetto al compiacimento, non gli importa essere sgradevole, non gli importa entrare nell'anima dei suoi personaggi e della sua città fino a tirarne fuori anche gli aspetti più imbarazzanti.

Sembra che lui chieda al suo romanzo di essere soprattutto la cronaca di un'agonia lenta, il declino della gioventù borghese napoletana che si consuma tra l'ozio, la nostalgia e quel mare splendido e maledetto da cui non si salva nessuno. Massimo è un giovane viziato, e come tanti si ritrova a fare i conti con il tempo che passa e con una città che ti ferisce e che però non si decide mai a darti il colpo di grazia.

Nel romanzo, Napoli è un personaggio, ma non di quelli che ti conquistano e ti fanno innamorare. Ha piuttosto l'aria di una vecchia signora borghese, anche un po' ingessata, che si aggrappa alle proprie tradizioni polverose e a un passato glorioso che ormai è solo un ricordo sbiadito. La Capria vive di sarcasmo quando descrive questa borghesia borbonica tutta apparenze, che si trastulla nelle sue chiacchiere inutili e in un'inerzia che è ormai una condanna, non più una scelta. È questo il mondo che avvolge Massimo, il quale cresce tra mura soffocanti, in cui il tempo è fermo. E quando raramente si muove, lo fa solo per portare via le illusioni.

Ma Massimo è anche un giovane in fuga, classico figlio di papà che ha tutto, tranne la voglia di realizzare sul serio qualcosa. Ha una vita scandita da mattine passate a fare pesca subacquea, giornate in cui non mancano mai pranzi interminabili, e nemmeno le chiacchiere al Circolo Nautico con amici che somigliano più a fantasmi che a persone vive. A un tratto, decide di lasciare Napoli, la meta scelta è Roma, dove immagina di trovare quel futuro che la sua città non è in grado di offrirgli. Ma fuggire diventa un esercizio ancora più complicato che restare.

La storia si apre in una mattina d'estate, una di quelle giornate che sembra debbano durare per sempre e in realtà è l'ultima occasione che ha Massimo di godersi la giovinezza nella sua città. Bella da morire, ma in fondo nient'altro che una prigione. Massimo prova ad afferrare qualcosa che continua a sfuggirgli, proprio come accade quando pesca immergendosi nel suo mare.

Tra i personaggi che appartengono a questo piccolo universo di noia c'è Carla Boursier, la ragazza «con l'occhio marino», che Massimo incontra durante i bombardamenti del 1943. Carla è la personificazione di Napoli, è bellissima, è seducente, ma è irraggiungibile e pericolosa. Il loro amore non può durare, è un legame che si dissolve come la schiuma delle onde, dietro di sé non lascia che rimpianti e ferite.

La struttura del romanzo è frammentaria, vive su un flusso di coscienza che si muove in avanti e a ritroso nel tempo, tra il 1954 e il 1960. Gli ultimi capitoli sono il racconto del ritorno di Massimo a Napoli, luogo che intanto non è cambiato e non vuole cambiare. Gli amici di un tempo sono definitivamente ombre di se stessi, vinti dalla vita e dalle loro illusioni, mentre Massimo scopre in quello che era il suo mondo una realtà che non ha più nulla di romantico.

Non troveremo la Napoli di La Capria su nessuna cartolina, questa è una città reale, piena di luci e di ombre, di bellezza e di degrado, popolata da figure ferite da speranze infrante e da sogni mai realizzati.

La verità è il dilemma quotidiano di ogni giornalista, un dilemma che oggi si è fatto più complicato e decisamente più costoso. Le querele per diffamazione si sono moltiplicate, e fioccano quelle cosiddette «temerarie». Conta poco che tu abbia ragione, quando ne subisci una poi c'è qualcosa che ti frena, non posso negarlo. Se pensate che esistano gli eroi che vanno avanti sempre e comunque, fregandosene di ogni possibile conseguenza, ditemi dove sono, io in giro non ne ho mai visti. Del resto, siamo pur sempre l'Italia, il solo paese in cui con la diffamazione vai dritto nel penale, esattamente com'era sotto il fascismo. In Gran Bretagna, se a carico del giornalista c'è un'ipotesi di diffamazione, il querelato ne risponde solo in sede civile.

Una volta, sul giornale potevi dare del cornuto ad Andreotti e non accadeva nulla, la passavi sempre liscia. Tutto è improvvisamente cambiato da quando c'è stata Mani Pulite. Da quel momento i politici, e i famosi in generale, hanno inaugurato la moda di querelare tutte le volte che possono. Ormai è una malattia, ed esiste solo qui in Italia.

In una causa di alcuni anni fa fui costretto a difendermi poiché avevo usato l'espressione «pirla». Il pubblico ministero era un fighetto del Sud che mai avrebbe potuto comprendere il significato vero che noi settentrionali diamo a questa parola, che peraltro vuol dire trottola. Quando fui convocato in aula, mi presentai con un libro sotto il braccio, *Diario del '71 e del '72* di Eugenio Montale. Una volta chiamato a difendermi, mi limitai ad aprirlo e a leggere la poesia *Il pirla*. Il pm sbiancò, la magistrata giudicante iniziò a ridere e non la smetteva più. Per mia fortuna, riuscì almeno a pronunciare la sentenza: «Feltri, lei è assolto».

La borbonica ingerenza

È difficile non innamorarsi della prosa di cui è capace La Capria. Quella borghesia napoletana era «un viluppo di boria, di sconcezza, di borbonica ingerenza», una classe che non cresceva mai, ma si limitava a sopravvivere. Non esiste un modo più raffinato per descrivere una borghesia aggrappata a un passato ormai morto, incapace di evolversi e maestra nell'arte di sopravvivere all'infinito.

La città di cui parla La Capria non offre alcuna redenzione, un giorno saprà al massimo farti scoprire un'amara consapevolezza. Napoli sa essere un'ombra che ti segue ovunque, un legame indissolubile che t'imprigiona anche quando ti illudi di esserne libero. Ed è questa la ferita che niente può guarire. Tutti portiamo addosso le nostre, sappiamo che non saranno mai cicatrici, sappiamo che continueranno a sanguinare. Ma se almeno abbiamo imparato a proseguire, se almeno abbiamo accettato di andare avanti, vuol dire che quelle ferite le abbiamo affrontate. Ed è la sola medicina per sperare di sopravvivere.

XV

Quer pasticciaccio brutto de via Merulana

Siamo tutti dispersi nel groviglio delle parole e nelle vicende umane

Caos, genio e follia

Questo è il pasticcio più bello dell'intera letteratura italiana. Se c'è un romanzo capace di far venire il mal di testa anche al lettore più paziente, quel romanzo è *Quer pasticciaccio brutto de via Merulana* di Carlo Emilio Gadda. Del resto, il titolo è già una dichiarazione di intenti, quasi una minaccia. «Pasticciaccio» è chiaramente un dispregiativo, una condanna, una specie di marchio a fuoco. È il guazzabuglio, il casino totale, la confusione più completa che si possa immaginare. Eppure, proprio in questo caos, in questo disordine apparente, si nasconde un capolavoro della letteratura italiana, un'opera che sfida ogni convenzione, ogni regola del romanzo tradizionale, e che mette in scena un'Italia che non vuole più rintanarsi dietro le apparenze.

Gadda non ci regala un semplice giallo, e nemmeno un romanzo poliziesco alla Agatha Christie. Anzi, siamo lontanissimi da quel genere e da quelle atmosfere. Lui intende offrirci un'esperienza letteraria unica, il viaggio nella mente di un uomo ossessionato dalla complessità del reale, un viaggio che si svolge nella Roma fascista degli anni Venti, e che si muove lungo gli aspetti più inquietanti della follia e della miseria umana. È necessario essere pronti a perdersi in un labirinto di parole, di personaggi, di digressioni e di ambiguità per affrontare questa discesa nel pasticciaccio brutto più bello che la letteratura italiana abbia mai visto.

Per comprendere il *Pasticciaccio* è indispensabile prima immergersi nel contesto storico in cui è ambientato. Siamo a Roma, nel 1927, che è un anno cruciale per l'Italia fascista. Il regime di Mussolini ha ormai consolidato il suo potere, ma sotto la superficie dell'ordine e di una buona dose di retorica si nascondono tensioni e contraddizioni. L'Italia di quegli anni è un paese che vorrebbe essere una nazione forte, ordinata e morale, ma la realtà è piuttosto diversa.

La strada in cui si svolge la vicenda è via Merulana, un microcosmo perfetto di questa realtà. Ci troviamo in un quartiere popolare, e precisamente in un palazzo di mura vetuste e di vite complicate, un luogo nel quale si incontrano classi sociali molto differenti tra loro e in cui si intrecciano destini e segreti. È questo lo scenario che Gadda sceglie come palcoscenico del suo dramma, al tempo stesso un giallo e un affresco sociale.

Con la sua ossessione per l'ordine e la disciplina, il fascismo è il grande assente del romanzo, un grande assente continuamente presente. Non si parla mai in modo esplicito della condizione politica in cui ci si trova, ma il regime è percepito come un'ombra che incombe, un sistema che vuole avere voce in capitolo a proposito della verità e spesso impone quella che gli fa comodo. In questo clima, ogni personaggio è costretto a recitare una parte, a nascondere le proprie debolezze e i propri peccati dietro un'apparenza di rispettabilità.

Il giallo insoluto

Non siamo tra le pagine di un giallo classico, quelli che hanno un delitto, un colpevole e alla fine una soluzione chiara. Il *Pasticciaccio* è un giallo che si nega, un'indagine che si perde in mille rivoli e che non arriva mai a una conclusione definitiva. Un percorso che si attorciglia su se stesso, che si smarrisce nelle sue deviazioni, che concede alle digressioni, alle vie traverse, più spazio di quanto ne lasci alla narrazione principale. Lo snodo del puro fatto di cronaca sarebbe anche semplice, dalla casa della vedova

Menegazzi spariscono dei gioielli e poco dopo viene trovata morta Liliana Balducci, una giovane donna che abita in quello stesso palazzo.

Incaricato di risolvere il caso è il commissario Francesco Ingravallo, detto «don Ciccio». Il problema è che lui svolgerà la sua indagine seguendo un tracciato tutt'altro che lineare. Tra sospetti che si moltiplicano, personaggi ambigui, indizi contraddittori e continui colpi di scena, il mistero invece di chiarirsi finisce via via con l'infittirsi. La verità sembra in fuga, sembra sottrarsi a ogni tentativo di catturarla, e quindi il lettore si trova immerso in un labirinto di parole, di divagazioni, di dettagli che sembrano inutili, ma che in realtà sono parte del pasticcio.

Il romanzo, infatti, non sembra avviarsi tanto verso la ricerca di un colpevole, quanto verso la rappresentazione di un mondo in cui la verità è un concetto sfuggente, in cui il bene e il male si mescolano, in cui la giustizia è un'illusione, continuamente appare e scompare.

L'eroe confuso

Don Ciccio Ingravallo non ha nulla del tipico investigatore da romanzo giallo. Non ha nessuna caratteristica né degli Sherlock Holmes, né dei Poirot. È un uomo normale, appesantito dalle sue debolezze e dalle sue insicurezze, frenato dai suoi tic e dalle sue manie. È un molisano trapiantato a Roma, con una testa che vaga tra tecnicismi, filosofie e considerazioni psicologiche che spesso sembrano solo un espediente per prendere tempo, per indugiare e confondere, per nascondere la sua incapacità di risolvere il caso.

Ingravallo è goffo, impacciato, spesso appare piuttosto ridicolo. Ma è proprio questa sua umanità che lo rende un personaggio indimenticabile. È in fondo un uomo che cerca disperatamente di dare un senso al caos che lo circonda, che si aggrappa a ogni indizio, a ogni parola, a ogni sospetto, anche se sembra sapere che probabilmente ciascuno di questi elementi sarà comunque inutile per arrivare a una soluzione.

Il suo linguaggio è un altro dei pasticci della storia, gremito com'è di termini tecnici, di latinismi, di dialetto molisano e di parlata romanesca, un pentolone linguistico al cui interno ribolle la complessità del suo pensiero e la confusione della realtà che si trova ad affrontare.

Ma l'intera umanità del romanzo ha un'espressione un po' grottesca, noi che leggiamo non ne catturiamo mai pienamente il carattere, sembrano tutti usciti da un copione del teatro dell'assurdo. La vittima, Liliana, è una donna fragile, ossessionata dal desiderio di maternità e da una relazione ambigua con suo cugino Giuliano Valdarena, una figura che somiglia più a un fantasma che a una presenza reale. La loro storia è un intreccio di sogni infranti, di ambizioni frustrate, di pulsioni nascoste.

Poi c'è la galleria straordinaria dei vicini di casa, ognuno con i suoi segreti, le sue ipocrisie, e anche le sue meschinità. Intanto incrociamo la signora Menegazzi, la vedova che subisce il furto, ma che ha più da nascondere che da reclamare, si capisce subito che pure la sua casa è un luogo oscuro. E poi c'è il portiere, la figura immancabile di ogni palazzo, che vede tutto ma non dice nulla, o dice solo a modo suo, spesso usando sarcasmo e una certa malizia. Infine, il medico e il farmacista e l'avvocato, tutti personaggi che compongono quella parte borghese di società che sa vivere mostrando una copertina rispettabile, e che invece come ogni altra quota dell'umanità paga le sue debolezze e le sue miserie.

Gadda li descrive con una neutralità astuta, sembra limitarsi a raccontarli, in realtà dedica loro tanto di quel sarcasmo da sfigurarli, rende i loro contorni qualche volta comici e qualche volta disperati. Come tanti altri, anche questo condominio è un piccolo mondo che alla fine preferisce il silenzio e la finzione alla verità.

Il pasticcio linguistico

Ma attenzione, se qualcosa distingue davvero *Quer pasticciaccio* da ogni altra opera mai scritta in Italia è lo stile di Gadda. Una miscela sconvolgente di italiano forbito, di dialetto romanesco, di neologismi che sono vere e proprie acrobazie della lingua, svincoli filosofici che rendono la lettura un'esperienza unica ma anche impegnativa. Leggere Gadda è insinuarsi in una giungla di parole, nella quale ogni frase è un rompicapo e ogni paragrafo un labirinto. Provare a districarsi, provare a rivedere la luce è un privilegio riservato a pochissimi.

L'italiano di Gadda è un barocco, ma rivisto affinché sia ancora più barocco, è una lingua sovraccarica, in cui i riferimenti colti ti colpiscono come scintille durante una saldatura. Ed è proprio questo che rende il romanzo un capolavoro. Gadda elimina la palude della semplicità, non cerca mai la linearità. Sembra dirci che se il reale è complesso, non c'è motivo per cui non lo sia anche la lingua che prova a raccontarlo. Per questo il suo linguaggio è un pasticcio voluto, un caos che l'autore organizza senza mai perderne di vista la direzione.

E quindi per il lettore tutto diventa una sfida. Gadda lo invita a non accontentarsi delle spiegazioni facili, a immergersi in un mondo nel quale la parola è uno strumento di conoscenza ma soprattutto una fonte di confusione.

L'epigono Brera

Siamo su Gadda ma è impossibile non tornare a Gianni Brera, un giornalista che nella sua epoca era tre livelli più in alto di tutti gli altri. Gli riconosco alcuni meriti straordinari, *in primis* la cultura sterminata, direi irraggiungibile, ma soprattutto la fenomenale capacità di usare il suo mare di conoscenze, e questa prosa così piena di citazioni e di azzardi, per raccontare lo sport. Dicevo in un capitolo precedente che questa lunga tradizione della narrativa lombarda possiamo farla risalire fino a Manzoni. Ma Gadda rappresenta di sicuro una svolta brutale, un'accelerazione che a tanti toglieva il respiro. Provare a mettersi sulla sua scia, significava accettare la possibilità di schiantarsi, o come minimo di apparire inadeguati e ridicoli. Invece, di questo Gadda inarrivabile Brera ha saputo essere all'altezza, certamente uno dei seguaci più abili. Credo che sia l'unico giornalista per il quale non è eccessivo dire che ogni suo pezzo di sport diventava un brano di epica.

Quando l'ho conosciuto, per la verità, siamo partiti tutt'altro che bene. Nacque tra noi un duro duello a colpi di editoriali sui rispettivi giornali. Inizialmente in modo cauto, ma poi via via l'orgoglio di entrambi fece crescere l'accanimento e l'ostilità reciproca. Ho sempre avuto una forte allergia nei confronti dei cretini, e nel mio mestiere ne ho incontrati un esercito, ma qui si trattava di litigare con Brera, era un'investitura, era per me il riconoscimento di un'autorevolezza che faceva così bene alla mia vanità. Sono abbastanza sicuro che alla fine si sia divertito anche lui. Veniamo ai fatti. Il «Corriere della Sera» mi inviò a Seul in occasione delle Olimpiadi, era il 1988. Da me il giornale non si aspettava pezzi sugli eventi sportivi, voleva articoli di costume, sul contorno della manifestazione. Così, ogni giorno avevo preso l'abitudine di girare per la città a caccia di spunti. E uno di quei giorni rischiò seriamente di essere l'ultimo della mia carriera. Avevo preso l'autobus per raggiungere lo stadio, lungo il percorso passammo su un ponte malfermo e in quell'istante dissi a me stesso: non ce la caviamo, questo viene giù. Non accadde, ma purtroppo avevo ugualmente ragione. Poche settimane dopo, quando ero ormai rientrato in redazione a Milano, lessi una notizia dalla Corea che raccontava di un autobus caduto nel vuoto a causa del cedimento di un ponte. Era proprio il mio ponte, le vittime furono quaranta.

Un pomeriggio in cui ero a Seul, dal giornale mi dissero che in un suo editoriale Gianni Brera sosteneva che fosse arrivata l'ora, Milano doveva essere sede delle Olimpiadi, e le prime disponibili sarebbero state quelle del 2000. Nel suo pezzo si leggeva che la città aveva ormai tutto per ospitare in modo adeguato l'organizzazione gigantesca di un'Olimpiade. Di quella tesi non mi convinceva nemmeno una riga. E d'altra parte, proprio l'esperienza diretta che stavo vivendo in Corea mi insegnava sempre più quanto fossero complesse le migliaia di obblighi organizzativi, quanto fosse difficile e costoso tirare su le strutture necessarie, quanta energia occorresse per mettere insieme il personale indispensabile per sostenere l'impatto di un evento come i Giochi olimpici. Milano non aveva niente, nemmeno un palazzetto, quello che c'era tre anni prima era crollato dopo una nevicata. E poi mancavano una pista di atletica, una piscina con le dimensioni adeguate, una sede per i tuffi.

Il mio giornale mi chiese di rispondere a quell'idea di Brera. E io mi misi al lavoro, scelsi anche parole un po' forti perché i concetti fossero più chiari, credo di aver definito fuori di testa chi stava sostenendo la candidatura di Milano. Strano, Brera non apprezzò. E il giorno dopo replicò alla mia replica dandomi del cretino. Continuammo per giorni a replicarci addosso, l'uno contro l'altro, fino a quando un mio articolo portò l'escalation al livello fino a quel momento più elevato. «Caro Brera,» scrissi «stavolta hai toccato il fondo. Della bottiglia.» Lui preferì non aggiungere nulla, e per un po' la disputa sembrò placata.

In realtà, non era affatto finita. L'allora sindaco di Milano, Paolo Pillitteri, proprio con Brera e con Massimo Moratti promosse poco dopo un comitato dal nome «Milano 2000». Brera decise di provocarmi nuovamente, scrisse che presto io stesso avrei potuto testimoniare l'effettivo avanzamento dei lavori, una a una sarebbero nate quelle infrastrutture che secondo me mancavano. Lasciai trascorrere un po' di tempo, poi andai davvero a dare una sbirciata ai cantieri. Il guaio è che non li trovai, semplicemente non c'erano. Potevo mai perdermi il gusto di reagire con un articolo che li prendeva tutti in giro? Loro zitti, nessuno fiatò, nessuno rispose.

Nel 1992 ero direttore dell'«Indipendente». Volevo che il mio fosse un giornale diverso da tutti gli altri, lo volevo cattivo e aggressivo, dicevo alla mia redazione che dovevamo essere un quotidiano corsaro. Ogni giorno andavo a pranzo da Roberto, un ristorante molto carino in corso Sempione. Non avevo mai saputo che anche Brera puntualmente finisse a mangiare lì, me ne accorsi un giorno in cui lo vidi seduto a un tavolo nemmeno troppo distante dal mio. So che anche lui mi notò, ma entrambi continuammo a mangiare e a far finta di nulla. Improvvisamente, arrivò al mio tavolo un cameriere che portava una bottiglia di Grignolino accompagnata da un biglietto. «Auguro anche a lei di arrivare al fondo della bottiglia.» Sollevai lo sguardo verso di lui, con un gesto chiaro della mano Brera mi stava invitando al suo tavolo.

Posso dire che da quel giorno diventammo amici, conobbi il profilo a me sconosciuto di Gianni Brera, scoprii soprattutto il suo meraviglioso umore nei confronti della vita. Stare in sua compagnia era ancora più divertente e istruttivo che leggerlo, a patto di accettare di essere travolti da una tromba d'aria. Ti sommergeva con il suo linguaggio colto e le sue citazioni, poi con le espressioni popolari e altre che immagino inventasse. Non ti lasciava parlare, nei suoi racconti si mescolavano universi distanti, nozioni, storie, frivolezze e riferimenti storici a cui non mancava mai la data. Un intruglio di verità alle quali non sapevi mai come accostarti, né sapevi se fossero credibili del tutto. Era un insieme troppo complicato e abbondante, i dettagli erano troppo minuti, e anche troppo precisi per una mente sola. Così a volte rientravo in redazione e subito andavo a controllare, chiedevo alla mia vecchia Treccani quanta credibilità avrei ancora dovuto concedere al grande Brera. E la Treccani mi rispondeva un po' sorprendendomi e un po' rassicurandomi, non ho mai rilevato un solo suo errore, le vicende che raccontava erano tutte autentiche, con le date tutte al loro posto. Cominciai a pensare che anche lui fosse un'enciclopedia, quasi come la Treccani.

Nei nostri discorsi, qualche volta entrava la mia esperienza di quel periodo all'«Indipendente». Apprezzava la novità, apprezzava soprattutto lo spirito di un giornale che io volevo frizzante e dispettoso. Una sera eravamo insieme a cena, lui si presentò con un mucchio di fogli, mi disse che erano dei racconti che aveva scritto ma mai affidati ad alcun editore. «Te li regalo, se ti va puoi pubblicarli.» Signori, a quell'epoca Brera era già uno dei nomi più grandi e autorevoli nella storia del giornalismo italiano, aveva da solo dato dignità letteraria alla cronaca sportiva. Per molti non era nemmeno soltanto un giornalista, ma uno degli scrittori più affascinanti del nostro panorama letterario. Ci volle poco per accorgersi che quei racconti erano una grande occasione, infatti subito li pubblicai a dispense, sette racconti in sette settimane. Guadagnammo immediatamente 7000 copie al giorno, copie che poi tenemmo con noi, restarono un nostro patrimonio. Avevo ricevuto da Brera un dono enorme, soprattutto perché proveniva da un uomo che si vantava di non aver mai scritto gratis neppure le cartoline.

Come quella di Gadda, anche la prosa di Gianni Brera non era per tutti. Possedeva un talento smisurato, un'inventiva senza confini. La ricchezza del suo vocabolario lo portava a inventare altre parole, del resto il calcio attuale parla ancora con il lessico creato da lui. Se oggi diciamo melina, pretattica, contropiede, centrocampista, forcing, prodezza, rifinitura, goleador, libero, incornare, disimpegnare, cursore, lo dobbiamo soltanto a Brera. Il giornalismo sportivo non aveva mai avuto prima di lui, né ha mai più avuto dopo, un produttore di lingua così geniale.

Da giovanissimo, divoravo la sua rubrica che appariva regolarmente sul «Guerin Sportivo», si chiamava *L'Arcimatto*. Parlava di calcio solo di sfuggita, in realtà sembrava un pretesto per affrontare i suoi temi preferiti, perfino le battute di caccia. Era un personaggio monumentale, quasi sovrumano, litigò e poi si riappacificò con Umberto Eco, fu più volte amico e nemico di Giovanni Arpino, trattò malissimo Pier Paolo Pasolini che si era permesso di criticarlo.

Si dichiarava padano molto prima che l'idea venisse a Bossi. Una volta mi raccontò che da ragazzino non aveva una gran voglia di aprire i libri, ma riuscì ugualmente a laurearsi grazie soprattutto a una sorella maggiore, che non gli lasciava tregua ed era capace di prenderlo a ceffoni se non studiava.

Come tutti i gran parlatori, si lanciava in previsioni che gli diedero la fama di pessimo pronosticatore. Prima che si giocasse Italia-Brasile al Mondiale del 1982, si disse certo che al nostro Zoff sarebbero toccati almeno cinque gol. Profetizzò anche su Pietro Mennea, che vedeva troppo gracile perché potesse competere con i fuoriclasse dello sprint, e su Eddy Merckx, a proposito del quale annunciò che non avrebbe vinto corse di rilievo poiché si nutriva con pochi carboidrati.

Ma tutto questo conta poco, poiché lui era in grado di combinare queste rivelazioni, mischiandole intanto con Leopardi, con il latino e il dialetto lombardo, con divagazioni sull'Inter o sulle migliori annate del Barbera.

Affibbiò soprannomi ai calciatori che sono rimasti nella nostra storia. In questo modo, creò un vero Olimpo, nel quale trasformò un semplice campionato di serie A in un poema epico. Si diceva grande ammiratore di Valentino Mazzola, che disegnava come un manuale del centrocampista perfetto, e forse per questo attaccava Gianni Rivera, che per lui era «l'abatino», poiché dotato di talento ma insopportabilmente allergico allo scontro fisico. Gli piaceva Gigi Riva, che ai suoi occhi rappresentava il forzuto padano tutto silenzi e sostanza.

Sono ancora convinto che, in quanto ad abilità assoluta, sia stato lui il più grande rivale di Indro Montanelli.

La sfida a ogni certezza

Come se non bastasse, *Quer pasticciaccio brutto de via Merulana* rimane incompiuto. Gadda non porta mai a termine l'indagine, lascia il lettore sospeso in un limbo di dubbi e di interrogativi. È forse un gesto di sfida verso la letteratura poliziesca tradizionale, o dovremmo magari prenderla come la constatazione amara che nella vita reale i misteri non si risolvono mai davvero.

Il suo finale aperto è una delle ragioni per cui il romanzo è considerato un'opera anticipatrice di quella narrativa che poi molti hanno definito postmoderna, un testo cioè che sfalda ogni certezza e promuove la cultura del dubbio, del caos, della complessità.

Carlo Emilio Gadda è un autore ruvido. Non è certo uno scrittore che coccoli il suo lettore, che gli offra barlumi di poesia oppure frasi semplici e trame lineari. È un maestro del groviglio stilistico, un narratore decisamente snob che si serve di una lingua che si inerpica così in alto da scoraggiare chiunque abbia i piedi piantati sulla terra.

Leggerlo oggi è un atto di ribellione. Un modo per comprendere che quella realtà appiattita che ogni giorno salta fuori dai social è una tentazione fuorviante. La realtà è complessa, la verità sfugge, il mondo è un pasticcio brutto. Il caos ci appartiene, e Gadda non ha nessuna intenzione di aiutarci a risolverlo, ci dice solo di stare in guardia. Poiché non abbiamo scampo, ogni giorno siamo costretti ad affrontarlo.

XVI

Così parlò Bellavista

Napoli, che tra amore e filosofia indica la strada per affrontare il domani

«Odi et amo»

Ed eccomi a rifare nuovamente i conti con Napoli, con i suoi autori che riescono a vedere il loro mare come il grande sollievo dell'anima e come la più amara delle maledizioni. *Così parlò Bellavista* non merita mezzi termini, è un capolavoro della nostra letteratura. Il suo versante continuamente ironico, la sua capacità di rendere i personaggi, anche quelli più disperati, delle figure comiche sono soltanto il frutto della straordinaria abilità narrativa di Luciano De Crescenzo. Questo non è un testo umoristico, è un testo di grande letteratura e nient'altro.

So che non è semplice essere più bergamaschi di me, sono cresciuto all'ombra delle Alpi, tra le nebbie, la disciplina e quell'ordine che al Sud sembra una parola a volte nemica. Napoli è il pianeta di un'altra galassia, che ha come regola di saper nutrirsi anche del proprio caos, che evidentemente ha imparato a gestire la sua disorganizzazione, in molti casi rendendola vera e propria arte.

Abbiamo letto molte volte che Napoli è una capitale delle contraddizioni. Quindi una certa doppiezza nel giudicarla posso permettermela anch'io. Io detesto il Sud, e lo detesto intensamente tutte le volte in cui lo amo. E vi assicuro che non esiste nessun altro luogo al mondo che più di Napoli racchiuda questa mia strana sensazione.

Dalle mie parti siamo abituati a considerare la precisione e la puntualità come il presupposto necessario della correttezza e dell'efficienza. E già qui potrei fermarmi e dire che Napoli per me è sempre più un mistero. Mi chiedo come possa un popolo raccogliere i propri difetti e i propri vizi e farne addirittura la sua forza, il segreto della sua energia.

La lettura di *Così parlò Bellavista* qualche risposta me l'ha data, è stato come aprire le pagine di un manuale di sopravvivenza filosofica, ma del tutto adattato allo stile di pensiero napoletano. Luciano De Crescenzo è una figura della cultura del nostro paese che indica perfettamente cosa voglia dire il possesso di un'intelligenza viva, ogni volta che lo ascolti ti sembra di essere trascinato in un mondo, una comunità completamente diversi da tutti gli altri, un mondo al quale senti pian piano di voler dedicare tutto il tuo rispetto, e nei confronti del quale a un tratto ti accorgi di nutrire anche una notevolissima invidia.

Se nei paraggi della Val Brembana, e credo che valga più o meno per l'intera Lombardia, si individua un personaggio al quale si attribuisce poca voglia di lavorare, quello è immediatamente un reietto, uno scarto, un peso morto per la comunità, al cui benessere evidentemente non contribuisce. Poi ti ritrovi in un libro di De Crescenzo, e ogni volta in cui ti imbatti in un personaggio che ha escluso il lavoro dalla propria traiettoria esistenziale, scopri che la comunità è disposta a comprenderlo, a farne anzi una specie di angelo immacolato che il cielo ha voluto preservare dalla fatica del corpo. Come fosse un miracolo, e io credo che lo sia davvero. Perché soltanto un miracolo può dare alle convinzioni di un intero popolo tanta capacità di non attribuire doveri e di non distribuirseli con troppo rigore. Ognuno fa quello che può, e può anche andar bene così.

Ecco ciò che detesto di più e ciò che amo più profondamente di Napoli, esattamente questo. La capacità di non inseguire nulla, di non aver mai creduto a quella storia secondo cui è necessario correre per provare a star meglio. Napoli ha il suo passo, sa accettare di andare piano. Senza sentirsene colpevole.

L'ultima speranza

La prima sensazione che dà il romanzo è quella di una lunga chiacchierata tra amici, un flusso di coscienza che si divide tra episodi di vita, riflessioni profonde, testimonianze di altruismo dato e ricevuto.

Bellavista è un professore napoletano, un uomo di cultura che però non si prende mai troppo sul serio. La sua esistenza è fatta di piccoli episodi quotidiani, di incontri con amici, di discussioni sulla vita, la morte, la felicità, il tempo. Non troverete mai una trama lineare, avrete invece un mosaico di storie che si tengono insieme solo perché appartengono allo stesso quadro.

Proprio Bellavista spiega a un tratto la differenza tra il modo di vivere napoletano e quello tipico del Nord. Non è affatto una questione di geografia, ma soltanto di filosofia esistenziale. Secondo il professore, ogni buon napoletano vive il presente con intensità, senza preoccuparsi troppo del futuro, mentre ciascun settentrionale si dedica alla pianificazione, all'organizzazione, evidentemente teme l'imprevisto.

Veste i panni del protagonista, ma Bellavista non appare mai come un intellettuale snob, ha le sue idee, le sue passioni. Accetta di essere il filosofo della strada, colui che sa e che tuttavia non ha paura di avvicinarsi alla lingua della gente comune, l'uomo che ha la capacità surreale di trasformare una qualsiasi piccola e banale storia in un insegnamento memorabile.

Intorno a lui ruotano personaggi che sono il manifesto forse più autentico del libro. L'amico furbo ma generoso, la donna passionale, lo studente un po' smarrito, il vicino di casa chiacchierone. Ognuno di loro porta in giro la sua unicità e la sua inconfondibile napoletanità.

Ma poi anche qui il protagonista che sovrasta tutti è Napoli, che in quest'opera non si limita a restare sullo sfondo, è la causa e l'effetto di ciò che avviene, l'alfa e l'omega di ogni storia piccola o grande e di ogni realtà. Le strade strette, i vicoli affollati, il mare che si intravede oltre i tetti, il Vesuvio che incombe. Questa è l'atmosfera, puoi trovarla autentica oppure oleografica, può piacerti o no, puoi sentire che ti appartiene o che ti resta completamente estranea, il prodigio è che Napoli sarà in ogni caso disposta ad accoglierti.

Ammetto che Napoli in passato mi ha anche fatto un po' paura. Poi, grazie a Bellavista ho imparato a vederla con occhi diversi. «A volte penso addirittura che Napoli possa essere l'ultima speranza che resta alla razza umana per sopravvivere.» Così amava dire Luciano, e più divento vecchio più credo di capire cosa intendesse.

L'invenzione della filosofia pop

Uno degli aspetti più affascinanti del libro è il linguaggio che De Crescenzo usa, e dovrei dire crea, perché anche in questo caso, proprio come avviene in altri capolavori dei capitoli precedenti, la lingua è un gioiello che brilla per la sua originalità. Questo è un italiano ibrido, in cui il napoletano si insinua ogni volta che può, senza la voglia di farsi vero e proprio dialetto, come accade nella poesia di Salvatore Di Giacomo o di Libero Bovio; qui sembra che abbia come obiettivo una nuova solidarietà, un nuovo abbraccio tra l'italiano formale di provenienza toscana e questo napoletano nobile, che nasce per le strade e si legittima nei discorsi della borghesia colta. Poi è chiaro che incontriamo anche il dialetto, incontriamo i proverbi e i modi di dire, perché non si avverte l'esigenza del solista, qui si canta in coro.

E con questo stile di pensiero, tutto assume dimensioni diverse, i confini del mondo non sono più così netti, diventano sfumati. Gli obblighi si diluiscono, gli errori si perdonano. Si smette addirittura di temere la morte. Leggerete mille altri romanzi in cui la morte è l'evento drammatico che interrompe la storia, oppure le dà impulso, è la circostanza che serve comunque a comunicare il senso della tragedia, dell'angoscia, il cedimento o la resistenza al dolore. Nell'immenso teatro di De Crescenzo, anche la morte è un personaggio comico, non spaventa, è un avvenimento troppo naturale per atterrire. E se non fa paura, allora è subito una splendida occasione per riderne.

C'è un personaggio del romanzo che prova a vendere a Bellavista una bara, però con pagamento a rate. Il professore resiste, spiega che lui non compra nemmeno un vestito, figuriamoci una cassa da morto che non sa nemmeno quando potrà usare. Qui parte allora un dialogo poetico, nel quale il venditore di bare sostiene che non sta proponendo un acquisto, perché 60 rate da 20.000 lire l'una per una cassa da morto, diciamoci la verità, sono un vero e proprio regalo. Il venditore non si lascia scalfire nemmeno da un altro dubbio del professore, secondo cui l'eventuale affare può avere il potere di sollecitare il malaugurio e di avvicinargli la morte. A sentire il venditore, ci sono prove, prove chiare, che dicono il contrario. Lui stesso racconta di aver venduto una bara a un tizio, che da quando l'ha acquistata è già andato a diversi funerali di tanti suoi amici e parenti.

Oltre che un romanzo, questo è un trattato completo su come disinnescare l'angoscia. Napoli sembra immune ai propri guai, e anche a quelli universali. Più che risposte, ha piccole storie, vicende popolari, esempi familiari, tutti però in grado di spiegare il mondo e tanti dei suoi misteriosi meccanismi. Continuate a chiamarla città, se volete, a me sembra molto di più un enorme laboratorio del pensiero umano.

De Crescenzo riesce a diffondere la sua ironia anche semplicemente quando riporta le attività dei suoi personaggi. Non ci si può in alcun modo dimenticare di Salvatore, che nel libro è il portiere del condominio, ma non proprio il portiere, il sostituto, ma non proprio il sostituto, il vicesostituto. Eppure tutto resta orizzontale, il professore di filosofia ne sa più del vicesostituto portiere, ma non c'è mai la sensazione che si ponga su un livello più alto. Tra queste strade, la gerarchia non conta, conta la qualità della tua serenità, la capacità di affrontare anche una vita difficile sapendo che è comunque la sola che ti tocca. E che ogni frenesia, ogni nevrosi, sono solo trappole della mente per rendere il gioco più complicato.

È così che si neutralizza addirittura il tempo, il grande nemico che cammina inesorabile e che scandisce il tuo percorso verso la fine. «Il tempo è un ladro,» sembra dire Bellavista «ma è anche un dono. Ci ruba i momenti, ma ci regala l'esperienza.»

Alla mia lunga carriera manca un incarico da vicesostituto portiere, ma quando per me arrivò il tempo della scuola, di mestieri ne feci. Vivevo in una casa in cui il capitolo economia era tutt'altro che florido. Avevo sedici anni e studiavo, ma un giorno vidi un annuncio per un corso di vetrinista. Qualcosa mi diceva che pochissimi sceglievano e praticavano quella professione. Così mi ci lanciai, ed era un'attività alla quale non avevo mai pensato fino a un minuto prima. Non sbagliavo, quando cominciai a fare il vetrinista immediatamente fui in grado di guadagnare un po' di soldi che furono preziosi per mantenermi agli studi. Imparai il mestiere grazie a un bravo insegnante che successivamente diventò mio socio, la mia quota era il 30 per cento, a lui spettava il 70. Quando lavoravi a una vetrina, all'epoca riuscivi a guadagnare all'incirca 5000 lire.

Dell'esperienza fatta con quel mestiere mi è rimasta una certezza. Preparare una vetrina è come preparare la prima pagina di un giornale, il tuo compito è attrarre l'attenzione su un prodotto, e non c'è poi molta differenza se questo prodotto è l'articolo di un quotidiano o un soprabito di cashmere. Credo a un certo punto di essere anche diventato piuttosto bravo, lo capii il giorno in cui il mio insegnante socio mi prese da parte e mi disse che da quel momento mi avrebbe riconosciuto un 10 per cento in più. È così che ho fatto carriera e sono salito al 40 per cento.

Il tempo perduto

Dubito che De Crescenzo, con il suo amore per Napoli e per la Costiera, avrebbe mai potuto comprendere le ragioni di uno come me che non fa vacanze da quasi mezzo secolo, semplicemente perché sono convinto che siano una tortura. Già mi rompo abbastanza le scatole a Milano, figuriamoci al mare. E comunque continuo a pensare che restare a Milano sia molto meglio che andare in ferie. Non ci crederete, ma al mare non ho mai messo piede, mi raccontano che l'acqua è salata, e io ci credo per fede, ma non ho mai controllato di persona. I rifiuti di tutti i lombardi finiscono nel Seveso, poi nell'Adda e poi nel Po, ma alla fine dove si dirigono? Nel mare. Spiegatemi perché dovrei bagnarmi in un'enorme discarica, è un'esperienza che non riesco a concepire, e che in ogni caso lascio volentieri agli altri. Mi avesse sentito, un uomo di mare come De Crescenzo sarebbe saltato sulla sedia.

Potrei sottolineare che il suo tono appare a volte troppo indulgente nei confronti dei tanti difetti napoletani. Lo penso soltanto se sono disposto a smarrirmi in questa filosofia compiacente che attraversa il libro. Ma questo è un romanzo, e un romanzo prevede un lettore, anzi, meglio ancora se sono tanti. De Crescenzo è stato per lunghissimi anni in testa alla classifica dei grandi venditori di libri, non solo in Italia ma anche all'estero, sembrava aver conquistato il segreto per piacere a chi legge. Erano pazzi di lui non solo centinaia di migliaia di italiani, ma anche tedeschi, giapponesi, messicani, belgi, olandesi, argentini. Ogni suo nuovo libro diventava in fretta un evento editoriale. Sono decenni che parliamo di crisi del libro, una crisi di cui De Crescenzo non deve essersi mai accorto.

L'ho sentito tanti anni fa citare una frase che aveva fatto sua, che mi ha rapito e non ho mai più dimenticato. Devo averla ripetuta piuttosto spesso, tanto che qualcuno me l'ha attribuita, ha creduto che fosse mia. «Il sesso? La fatica è tanta, il piacere dura poco, e la posizione è ridicola.» Vedete? Non c'è nulla che resti fuori dal perimetro di questa gigantesca dissacrazione. De Crescenzo ha ucciso la morte, e ha ridimensionato il sesso. È mai esistito un altro filosofo che abbia saputo fare tanto?

Certificato PEFC
Questo prodotto è realizzato con materia prima da foreste gestite in maniera sostenibile e da fonti controllate
PEFC
PEFC/18-32-03
www.pefc.it

Mondadori Libri S.p.A.

Questo volume è stato stampato
su carta HOLMEN
con fibra vergine proveniente da foreste sostenibili holmen.com/paper
presso ELCOGRAF S.p.A.
Stabilimento - Cles (TN)

Stampato in Italia - Printed in Italy